Johanna Handschmann

Lust auf Plätzchen

Südwest

Inhalt

Die Klassiker, die jeder mag: Buttergebäck und Schachbrettplätzchen.

6   **Klein, aber oho!**

8   **Von Z bis A**

10   **Fürs ganze Jahr**

12   Heidesand
12   Orangenblättchen
14   Vanillehäufchen
14   Schachbrettplätzchen
15   Feines Buttergebäck
16   Orangen-Schoko-Plätzchen
16   Löffelbiskuits
17   Mandelstangen
18   Schokomakronen
18   Nussecken
20   Walnuss-Aprikosen-Kekse
20   Schokoherzen mit Ingwer
22   Mandel-Schoko-Plätzchen
22   Zitronenstangen
23   Zimtbrezeln
24   Walnuss-Schoko-Taler
26   Mandelplätzchen mit Amaretto
26   Zimtplätzchen

28   **Für Weihnachten**

30   Haselnusshütchen
32   Vanillekipferl
33   Terrassenplätzchen
34   Zimtsterne
35   Printen
36   Honiglebkuchen
36   Elisenlebkuchen
38   Spekulatius
39   Dinkel-Gewürz-Plätzchen
40   Kokosmakronen
40   Orangenmakronen
42   Haselnussmakronen
43   Mandellinchen
44   Spritzgebäck
45   Linzer Plätzchen

Zu feinem Mandelgebäck kann niemand nein sagen.

46   **Aus aller Welt**

48   Cantuccini
49   Sizilianische Erdnussmakronen
50   Amaretti
50   Malteser Schokoplätzchen
52   Basler Brauns

53 Französische Pomeranzennüsse
54 Whiskyplätzchen
54 Schottische Haferplätzchen
56 Russische Weihnachtsschnitten
57 Dänische Julküchlein
58 Javaplätzchen
59 Karibische Vanilleplätzchen
60 Amerikanische Walnusstaler
61 Nuss-Cookies

Mit Whisky verfeinert – so schmecken Plätzchen herrlich.

Wie kleine Muffins: Plätzchen mit kandiertem Ingwer.

62 **Schnell und einfach**

64 Florentiner
64 Ingwerplätzchen
66 Erdnuss-Ingwer-Plätzchen
66 Kokosplätzchen
67 Mandelkugeln
68 Nuss-Schoko-Plätzchen
70 Cappuccinoplätzchen
70 Knusprige Mandelschnitten
72 Mandel-Hafer-Kekse
73 Zarte Kekse
74 Walnussstangen
76 Haselnussmonde
77 Schweinsöhrchen

78 **Kraftpakete für unterwegs**

80 Müslischnitten mit Amaranth
82 Früchteschnitten
83 Rosinenplätzchen
84 Dattel-Nuss-Ecken
85 Dattelhäufchen
86 Süße Hausfreunde
87 Wespennester
88 Hafer-Kokos-Plätzchen
88 Hafer-Erdnuss-Plätzchen
89 Fruchtmakronen
90 Sonnenblumenplätzchen
92 Knusperhäufchen

93 Rezeptregister
94 Impressum und Bildnachweis

Kernige Sonnen-blumen-plätzchen sind ideal zum Mit-nehmen.

Klein, aber oho!

Plätzchen sind bei Jung und Alt sehr beliebt. Und sie schmecken viel zu gut, als dass man sie nur in der Weihnachtszeit anbieten sollte. In der Tat gibt es jede Menge Plätzchensorten, die zu jeder Jahreszeit Saison haben. Sie passen beispielsweise zu Tee, Kaffee, zu cremigen und fruchtigen Desserts oder zu Eis.

Viele der in diesem Buch vorgestellten Plätzchenrezepte sind ohne großen Aufwand zuzubereiten, so dass man davon auch zwischendurch schnell einmal ein Blech backen kann. Nicht zuletzt auch, weil Plätzchenüberraschungen das ganze Jahr über bei vielen Gelegenheiten willkommen sind: Selbst gebackene Plätzchen können z. B. als kleines persönliches Geschenk viel Freude bereiten. Weiter hat Selbstgebackenes den Vorteil, dass man über die Zutaten selbst entscheiden kann, je nach persönlichem Qualitätsanspruch, Vorlieben und speziellen Bedürfnissen.

Mit Plätzchen aus der eigenen Küche stellen Sie sicher, dass im Gebäck keine unerwünschten Zusatzstoffe sowie keine Zutaten, die ein Familienmitglied nicht mag oder nicht essen darf, enthalten sind.

Besonders schnell und unkompliziert gemacht sind die Plätzchen aus Eiweißteig, die so genannten Makronen.

Praktische Geräte

Grundsätzlich können alle Teige nach klassischer Art ohne den Einsatz von Maschinen hergestellt werden. Es ist jedoch oft schneller und bequemer, die Teige mit Hilfe von Rührgeräten oder Küchenmaschinen zuzubereiten. Daher sind die Beschreibungen in den Rezepten neutral gehalten.

Handrührer
Sie sind, sofern Sie in haushaltsüblichen Mengen und nicht zu häufig backen, für unsere Plätzchenrezepte völlig ausreichend.

Küchenmaschinen
Besonders praktisch sind die so genannten »Kompakt-Küchenmaschinen«. Diese sind neben Knethaken und Rührbesen auch mit einem rotierenden Messer ausgestattet, ähnlich wie beim Blitzhacker. Mit diesen Küchenmaschinen kann man sowohl Teige kneten und rühren als auch Zutaten zerkleinern.

Blitzhacker und Mandelmühle
Elektrische Blitzhacker sind praktisch zum Hacken von Nüssen, auch in Kombination mit Schokolade, sowie zum Zerkleinern von Zitronat und anderen Trockenfrüchten. Mit der klassischen Mandelmühle lassen sich Nusskerne aller Sorten manuell fein reiben.

Teigrolle

Holzteigrollen sollten während des Ausrollens öfter mit Mehl bestäubt werden. Noch praktischer sind Teigrollen mit Teflonbeschichtung: Hier bleibt der Teig auch ohne Einmehlen nicht kleben.

Palette

Eine Palette ist beim Plätzchenbacken unentbehrlich. Mit der dünnen Metallfläche kann man beim Auswellen den Teig immer wieder vom Untergrund trennen, die ausgestochenen Plätzchen sicher auf das Blech transportieren und nach dem Backen vom Blech nehmen.

Kuchengitter

Auf runden oder eckigen Drahtgestellen können Plätzchen schnell abkühlen, ohne dass Sie unten feucht werden.

Zutaten

Mehl

Für die Plätzchenrezepte sind folgende Mehle geeignet:
- Weizenmehl Type 405 oder 550,
- Thermomehl und
- Dinkelmehl.
Die Rezepte sind unter anderem mit Dinkelmehl Type 630 und 1050 getestet worden.

Nüsse und Samen

Nüsse am besten im Ganzen kaufen und in einer Nussmühle fein reiben oder im Blitzhacker fein zerkleinern. So bringen die Nüsse bestes Aroma und sind zudem ohne Schalenteile.

Wer kein Zerkleinerungsgerät besitzt, greift auf gemahlene Produkte zurück. Diese jedoch niemals lange lagern, da zerkleinerte Nüsse schnell ranzig werden.

Süßungsmittel

Zum Süßen von Plätzchen eignet sich in erster Linie weißer und brauner Zucker. Honig, Sirup, Dicksäfte oder Rübenkraut sollte man nur verwenden, wenn der Eigengeschmack des Süßungsmittels, z. B. bei Lebkuchen, erwünscht ist.

Eier

Für alle hier vorgestellten Plätzchenrezepte werden Eier in mittlerer Größe benötigt.

Vanille

Vanille gibt es mit dezentem Aroma in Form von Vanillezucker, intensiver in fein gemahlener Form oder mit dem besten Aroma als Mark in den ganzen Schoten. Da diese relativ teuer sind, sollte man sie weiterverwenden: Die ausgekratzten Schoten mit Zucker in ein Schraubglas geben, so hat man bereits nach kurzer Zeit aromatischen eigenen Vanillezucker auf Vorrat.

Möglichst frische und hochwertige Zutaten spielen auch beim Backen eine große Rolle.

Entsprechend dem modernen Süßungsverhalten und dem allgemein empfohlenen mäßigen Einsatz von Süßungsmitteln wurden die Zuckermengen von klassischen Rezepten – sofern es Rezept und Geschmack erlaubten – gegenüber den traditionellen Vorgaben leicht reduziert.

Von Z bis A

Zutaten vorbereiten und bereitstellen

Sehr praktisch beim Backen sind Waagen mit Zuwiegetechnik. Am genauesten sind digitale Waagen, was besonders bei Biskuit- und Makronenteigen sinnvoll ist.

Hühnereier werden in den Größen S, M, L und XL angeboten. Wenn nicht anders angegeben, werden in den Rezepten mittelgroße Eier (M) verwendet.

• Im Kühlschrank gelagerte Backzutaten immer 1 bis 2 Stunden vor der Verarbeitung herausnehmen, damit alle Zutaten die gleiche Temperatur haben. Dies ist besonders für Rührteige wichtig. Lediglich die Eier, die für Eischnee benötigt werden, sollten direkt aus dem Kühlschrank kommen, oder Sie stellen das getrennte Eiweiß einfach bis zur Verwendung wieder kalt.

• Alle Zutaten für die Plätzchenküche am besten abwiegen. Das Abmessen der Zutaten mit einem Messbecher ist nicht so ideal, da es bei vielen Plätzchenrezepten auf die genaue Zutatenmischung ankommt. Lediglich die Buttermenge kann man ganz einfach durch Teilen des Butterstücks ermitteln: 125 Gramm Butter ist das halbe Butterstück (250 Gramm), 60 Gramm entsprechen dem geviertelten 250-Gramm-Stück. Flüssigkeitsmengen mit dem Messbecher abmessen oder ebenfalls einfach abwiegen (1 Milliliter entspricht bei allen wasserähnlichen Flüssigkeiten etwa 1 Gramm).

• Um zügig arbeiten zu können, sollten Sie vor Arbeitsbeginn alle Zutaten abwiegen und bereitstellen.

• Eier immer separat über einer Tasse aufschlagen. Zum Trennen von Eigelb und Eiweiß gibt es praktische Eitrenner, die besonders bei dünnschaligen Eiern hilfreich und zudem sehr hygienisch sind, da damit das Eiweiß nicht über die Schale läuft.

• Beim Abreiben von Orangen- oder Zitronenschale ist es praktisch, ein Stück Pergamentpapier auf die Reibe zu legen. Beim Abreiben drückt sich das Papier an die Reibe an, danach das Papier abziehen und die Schalenreste einfach abstreifen.

Formen von Plätzchen

• Viele Teige kann man einfach zur Rolle formen, kühl stellen, dann in Scheiben schneiden und backen. Diese Methode ist ideal, wenn es schnell gehen muss.

• Dekorativer werden die Plätzchen mit der Ausstechmethode. Dafür muss der Teig ausgerollt werden. Damit auch fettreiche Teige nicht zu sehr kleben, den Teig einfach zwischen zwei Lagen Frischhaltefolie auswellen. Die Teigplatten mit belie-

bigen Formen ausstechen. Für besondere Formen können Sie auch mit selbst hergestellten Papierschablonen arbeiten. Diese einfach auf den Teig legen und mit einem Messer die Konturen ausschneiden.

• Als eine einfache Ausstechhilfe kann man Gläser mit verschiedenen Durchmessern benutzen. Damit lassen sich Kreise und Halbmonde ausstechen.

• Mit Spritzbeutel oder Gebäckspritze lassen sich etwas weichere Teige, wie z. B. für Spritzgebäck, schnell in kleinen und dekorativen Formen auf das Blech bringen. Eine Anschaffung, die sich für Plätzchenfans auf jeden Fall lohnt!

Backen

• Den Backofen erst einschalten, wenn Sie die Plätzchen formen und auf das Blech legen. Es dauert nur 10 bis 15 Minuten, bis der Ofen die richtige Temperatur hat. Längere Vorheizzeiten verbrauchen zu viel Energie. Beachten Sie, dass beim Backen von mehreren Blechen hintereinander die nachfolgenden Plätzchen eine etwas kürzere Backzeit haben können.

• Backöfen können je nach Hersteller bei gleicher Einstellung unterschiedliche Backergebnisse zeigen. Daher die Plätzchen nach etwa zwei Drittel der Backzeit kontrollieren und eventuell eine andere Temperatur einstellen oder die Plätzchen länger oder kürzer backen. Die Angaben in diesem Buch sind nur Richtwerte.

• Backen auf mehreren Blechen: Wenn nur ein Backblech zur Verfügung steht, die zweite Plätzchenportion auf ein zugeschnittenes Backpapier legen. Die gebackenen Plätzchen mit dem Backpapier vom Blech abheben, die vorbereitete Lage über die flache Kante auf das Blech setzen und sofort zum Weiterbacken in den Ofen geben.

Aufbewahren

• Zum Aufbewahren möglichst immer nur eine Plätzchensorte, damit sich die Aromen nicht vermischen, in eine Dose packen. Das Gebäck vorher immer auskühlen lassen. Bei empfindlichen Sorten Pergamentpapier dazwischen legen.

• Knuspriges Gebäck muss luftdicht verschlossen aufbewahrt werden, sonst zieht es Feuchtigkeit.

• Besonders würzige Gebäcksorten, wie z. B. Lebkuchen, brauchen mindestens 1 Woche Ruhezeit zum Durchziehen. Lebkuchen immer sofort nach dem Auskühlen in die Behälter legen und gut gekühlt in geschlossenen Behältern aufbewahren, damit sie nicht trocken und hart werden.

• Fettreiches Buttergebäck sollte nicht länger als 4 bis 5 Wochen gelagert werden.

Beim Backen von Plätzchen aus Mürbeteig den Teig immer nur portionsweise ausrollen, so dass die geformten Plätzchen sofort gebacken werden können. Den restlichen Teig kühl gestellt lassen. Teigreste vom Ausstechen ebenfalls sofort wieder kühl stellen. Den Mürbeteig auch immer möglichst rasch ausrollen, sonst wird er zu weich und klebrig.

Besonders fein schmecken Plätzchen, wenn sie mit frisch gemahlenem Mehl zubereitet werden. Für »Vielbacker« lohnt sich die Anschaffung einer Getreidemühle.

Fürs ganze Jahr

Plätzchen haben immer Saison, denn Gelegenheiten, zu denen kleine süße Happen nicht fehlen dürfen, gibt es das ganze Jahr über: Was wäre ein italienischer Caffè ohne Kekse, ein Eis ohne kleines Gebäck dazu? Wie könnte ein Plausch beim Tee ohne Plätzchen gemütlich sein, was wäre ein langer Abend mit Freunden auf der Terrasse ohne etwas Knuspriges? Und nicht zuletzt liegen Plätzchen auch auf Büfetts als kleines, dekoratives und appetitliches Fingerfooddessert voll im Trend.

Tipps der Bäckerin

Achtung, Heidesand-Plätzchen nicht zu lange backen, denn wenn sie zu dunkel sind, schmecken sie bitter.
Zusätzlich passen auch noch Schoko-plättchen oder -stückchen in den zart-sandigen Teig.

Schokoladenkuvertüre oder -glasur gibt es als Block sowie in kleinen Töpfchen oder Tüten. Letztere sind besonders praktisch, da man so die Schokolade in der Tüte schmelzen kann und nach Abschneiden einer kleinen Ecke der Tüte die flüssige Schokolade direkt über die Plätzchen gießen kann – ideal beispielsweise zum Aufbringen der Blattadern auf die Orangenblättchen.

Hier wurden die Orangen-plätzchen mit der gesamten Unterseite in Schoko-ladenglasur getaucht.

Ohne Ei

Heidesand

Für etwa 60 Stück
250 g Butter
200 g Zucker
1 Prise Salz
1 Prise gemahlene Vanille
350 g Mehl
1 gestrichener TL Backpulver
2 EL Milch
Backpapier für das Blech

30 Minuten Arbeitszeit
🕐 60 Minuten Ruhezeit
10–15 Minuten Backzeit

1 Die Butter bei mittlerer Hitze leicht bräunen, etwas abkühlen lassen, in eine hitzebeständige Schüssel gießen und fest werden lassen.

2 Die Butter mit Zucker, Salz und Vanille schaumig rühren. Mehl und Backpulver vermischen und abwechselnd mit der Milch unter die Butterschaummasse rühren.

3 Aus dem Teig 3 bis 4 Zentimeter dicke Rollen formen, auf ein Brett legen und zugedeckt für 60 Minuten in den Kühlschrank stellen.

4 Den Backofen auf 180 °C (Umluft 160 °C, Gas Stufe 2–3) einstellen, ein Blech mit Backpapier auslegen.

5 Von den Teigrollen 5 Millimeter dicke Scheiben abschneiden, auf das Blech legen, auf der mittleren Schiene in 10 bis 15 Minuten hell backen.

Fein zum Tee

Orangenblättchen

Für etwa 50 Stück
80–100 g Zucker
125 g weiche Butter, 2 Eigelbe
abgeriebene Schale von
1 unbehandelten Orange
1 EL Orangensaft, 250 g Mehl
Backpapier für das Blech
Mehl für die Arbeitsfläche
100 g Schokoglasur zum Verzieren

30 Minuten Arbeitszeit
🕐 60 Minuten Ruhezeit
10 Minuten Backzeit

1 Zucker und Butter mit den Quirlen des Handrührers cremig rühren. Eigelbe, Orangenschale und -saft zugeben, etwa 5 Minuten rühren. Das Mehl zügig unterkneten und den Teig zu einer Kugel formen. Zugedeckt etwa 60 Minuten ruhen lassen.

2 Den Backofen auf 180 °C (Umluft 160 °C, Gas Stufe 2–3) einstellen, ein Blech mit Backpapier auslegen. Den Teig mit etwas Mehl etwa 5 Millimeter dünn auswellen. Blatt-formen ausstechen oder mit einem spitzen Messer ausschneiden.

3 Plätzchen auf das Blech legen, auf der mittleren Schiene in etwa 10 Minuten goldgelb backen, auf einem Kuchengitter abkühlen lassen.

4 Die Schokoglasur im Wasserbad schmelzen und damit Blattadern auf die Plätzchen zeichnen.

Tipp der Bäckerin

Wenn Sie keinen Spritzbeutel oder keine Gebäckspritze haben, können Sie den Teig auch mit zwei Teelöffeln auf das Blech setzen.

Kakaopulver ist pulverisierte Kakaomasse, die unterschiedlich stark entölt sein kann. Je dunkler das Pulver, desto weniger Fett enthält es.

Schnell zubereitet

Vanillehäufchen

Für etwa 40 Stück
150 g Mehl
1/2 TL Backpulver
2 Päckchen Vanillepuddingpulver
1/2 TL gemahlene Vanille oder Mark von 1 Vanilleschote
3 Päckchen Vanillezucker
100 g weiche Butter
1 Ei
Backpapier für das Blech
etwa 40 Kürbiskerne oder Mandeln zum Verzieren

15 Minuten Arbeitszeit
15–20 Minuten Backzeit

1 Mehl mit Backpulver, Puddingpulver, Vanille und Vanillezucker vermischen. Butter und Ei einarbeiten und den Teig in einen Spritzbeutel oder eine Gebäckspritze mit großer Sterntülle füllen.

2 Den Backofen auf 180 °C (Umluft 160 °C, Gas Stufe 2–3) einstellen, ein Blech mit Backpapier auslegen.

3 Den Teig mit 1 Zentimeter Abstand in nussgroßen Häufchen auf das Blech spritzen. Jedes Plätzchen mit 1 Kürbiskern oder 1 Mandel belegen. Die Vanillehäufchen auf der mittleren Schiene in 15 bis 20 Minuten goldgelb backen.

Variante für Buttergebäck

Schachbrettplätzchen

Für etwa 50 Stück
Teig für feines Buttergebäck
(siehe Rezept Seite 15)
2 gehäufte EL Kakaopulver
1 gehäufter EL Puderzucker
2 EL Rum
Backpapier für das Blech

40 Minuten Arbeitszeit
60 Minuten Ruhezeit
10 Minuten Backzeit

1 Den Teig nach nebenstehendem Rezept zubereiten und unter eine Hälfte Kakaopulver, Puderzucker und Rum mischen. Jede Teigportion zur Rolle formen, in Frischhaltefolie wickeln und für mindestens 60 Minuten kühl stellen.

2 Den Backofen auf 200 °C (Umluft 180 °C, Gas Stufe 3–4) vorheizen. Ein Blech mit Backpapier auslegen. Die Teigrollen in der Folie mit einem Brett auf Fingerdicke zusammendrücken. Die Folie öffnen und die Teigstücke in der Mitte längs durchschneiden.

3 Die Teigstreifen schachbrettartig an- und übereinander legen und leicht festdrücken. Von der entstandenen Teigstange etwa 5 Millimeter dicke Scheiben abschneiden und mit 1 Zentimeter Abstand auf das Blech legen. Die Schachbrettplätzchen auf der mittleren Schiene etwa 10 Minuten backen.

Beliebter Klassiker

Feines Buttergebäck

Für etwa 60 Stück

300 g Mehl
100 g Zucker
1 Päckchen Vanillezucker
1 Ei
200 g kalte Butter
Backpapier für das Blech
Zum Bestreichen:
1 Eigelb
1 EL Sahne

30 Minuten Arbeitszeit
🕐 60 Minuten Ruhezeit
10–15 Minuten Backzeit

1 Mehl, Zucker und Vanillezucker vermischen. Das Ei unterrühren. Mit der Butter verkneten. Den Teig in Frischhaltefolie wickeln und 60 Minuten kühl stellen.

2 Den Backofen auf 200 °C (Umluft 180 °C, Gas Stufe 3–4) einstellen. Ein Blech mit Backpapier auslegen.

3 Den Teig mit etwas Mehl 5 Millimeter dick auswellen, beliebige Formen ausstechen und auf das Blech legen. Das Eigelb mit der Sahne verquirlen und die Plätzchen damit bestreichen. Plätzchen auf der mittleren Schiene in 10 bis 15 Minuten goldgelb backen.

Buttergebäck kann nach Lust und Laune ausgestochen werden. Die Schachbrettplätzchen bekommen durch die Schnitttechnik ihr einzigartiges Muster.

Zum Verzieren die mit Eigelb bestrichenen Plätzchen vor dem Backen nach Belieben mit Hagelzucker, bunten Perlen, gemahlenen Nüssen, Schokostreuseln oder Krokant bestreuen.

15

Gut aufzubewahren

Orangen-Schoko-Plätzchen

Tipps der Bäckerin

Zusätzlich passen in den Teig für die Orangen-Schoko-Plätzchen auch noch 125 Gramm geriebene Nüsse.
Wenn Sie die Schokolade nicht selbst hacken wollen, können Sie auch fertige zartbittere Schokoladenplättchen verwenden.

Für etwa 60 Stück
250 g Mehl
1 gestrichener TL Backpulver
100 g Zucker
1 Päckchen Vanillezucker
1 unbehandelte Orange oder
1 Päckchen getrocknete
Orangenschale
1 Ei, 125 g Butter
100 g Zartbitterschokolade
Backpapier oder Fett für das Blech

20 Minuten Arbeitszeit
🕐 60 Minuten Kühlzeit
10–12 Minuten Backzeit

1 Das Mehl mit Backpulver, Zucker und Vanillezucker in einer Schüssel vermischen.

2 Die Orange heiß abwaschen, trocknen und die Schale dünn auf die Teigzutaten reiben oder die getrocknete Schale zugeben. Das Ei dazugeben. Die Butter in Stückchen darauf setzen. Alles zu einem Teig verkneten.

3 Die Schokolade mit einem Messer in kleine Stücke hacken und in den Teig kneten.

4 Aus dem Teig Rollen mit etwa 3 Zentimeter Durchmesser formen, auf ein Brettchen legen, mit Frischhaltefolie bedecken. Mit einem zweiten Brett etwas flach drücken. Für etwa 60 Minuten kühl stellen.

5 Den Backofen auf 180 °C (Umluft 160 °C, Gas Stufe 2–3) einstellen. Ein Blech mit Backpapier auslegen oder einfetten. Von den Teigstücken mit einem scharfen Messer 5 bis 6 Millimeter dicke Scheiben abschneiden und mit etwa 1 Zentimeter Abstand auf das Blech legen.

6 Die Plätzchen auf der mittleren Schiene des Backofens 10 bis 12 Minuten backen, bis die Ränder leicht gebräunt sind. Auf einem Kuchengitter auskühlen lassen.

Gelingt leicht

Löffelbiskuits

Für etwa 70 Stück
Backpapier für das Blech
3 Eier
1 Prise Salz
1 TL Zitronensaft
60 g Zucker
1 Päckchen Vanillezucker
1/2 TL abgeriebene Schale von
1 unbehandelten Zitrone
75 g Mehl
50 g Puderzucker

🕐 30 Minuten Arbeitszeit
5–6 Minuten Backzeit

Die Vanilleschote ist die Kapselfrucht einer tropischen Orchideenpflanze. Das Hauptaroma sitzt nicht nur im Mark, sondern auch in der Schote selbst.

1 Den Backofen auf 220 °C (Umluft 200 °C, Gas Stufe 4–5) vorheizen. Ein Blech mit Backpapier auslegen.

2 Die Eier trennen. In der Teig-schüssel zuerst Eiweiß mit Salz und Zitronensaft steif schlagen. Die Ei-gelbe dazugeben und etwa 3 Minu-ten weiterrühren.

3 Zucker und Vanillezucker nach und nach dazugeben und weiter-schlagen, bis der Zucker gelöst und die Creme dickschaumig ist. Die Zi-tronenschale auf die Creme geben. Das Mehl darüber sieben und beides vorsichtig mit dem Schneebesen un-terheben.

4 Die Biskuitmasse in einen Spritz-beutel oder eine Gebäckspritze mit breiter Tülle füllen und auf das Blech 8 bis 10 Zentimeter lange Teigstücke mit etwa 5 Zentimeter Abstand spritzen.

5 Den Puderzucker durch ein Sieb über die Teigstangen stäuben. Diese auf der mittleren Schiene im vorge-heizten Ofen in 5 bis 6 Minuten hellbraun backen.

Tipps der Bäckerin

Die leichten, fettarmen Löffelbiskuits passen zu Eis, Desserts oder zu einer Tasse Kaffee oder Tee.
Den Zitronengeschmack können Sie auch mit getrockneter Zitronenscha-le oder Zitronen-Backaroma erreichen.

Gut aufzubewahren

Mandelstangen

Für etwa 24 Stück
125 g Mandeln
2 Eiweiß
1 Prise Salz
100 g Zucker
1 EL Mandellikör (Amaretto)
4 Tropfen Bittermandel-Backaroma
80 g Mehl
Backpapier für das Blech
3–4 EL gehackte Mandeln für die Arbeitsfläche

🕐 30 Minuten Arbeitszeit
10 Minuten Backzeit

1 Die Mandeln fein reiben oder im Blitzhacker fein zerkleinern. Eiweiß mit Salz steif schlagen, nach und nach Zucker dazugeben. Schlagen, bis ein Messerschnitt sichtbar bleibt. Mandeln, Amaretto, Mandel-Back-aroma und Mehl unterheben.

2 Den Backofen auf 170 °C (Umluft 150 °C, Gas Stufe 2) einstellen und ein Blech mit Backpapier auslegen.

3 Von der Masse esslöffelgroße Portionen abnehmen und daraus auf der mit den Mandeln bestreuten Ar-beitsfläche fingerlange Rollen for-men. Die Stangen mit 2 bis 3 Zenti-meter Abstand auf das Blech legen.

4 Die Mandelstangen auf der mitt-leren Schiene in etwa 10 Minuten hellbraun backen und auf einem Kuchengitter auskühlen lassen.

Mandeln werden viel-seitig im Handel an-geboten: im Ganzen, gehäutet, gemahlen, gehackt oder in Form von Mandelblättchen und -stiften.

Tipp der Bäckerin

Der Teig für die Man-delstangen lässt sich auch sehr gut durch einen Spritzbeutel oder eine Gebäck-spritze ohne Tüllen-aufsatz auf das Blech spritzen.

Schnell zubereitet

Schokomakronen

Für etwa 80 Stück
200 g Mandeln
100 g Zartbitterschokolade
3 Eiweiß, 1 Prise Salz
150 g Zucker
1 Päckchen Vanillezucker
3 Tropfen Rum-Backaroma
Backpapier für das Blech oder etwa
80 Backoblaten (4 cm Ø)

🕐 30 Minuten Arbeitszeit
20–25 Minuten Backzeit

1 Mandeln und Schokolade fein
reiben oder zusammen im Blitzhacker fein zerkleinern. Eiweiß mit
dem Salz steif schlagen, Zucker und
Vanillezucker einrieseln lassen und
weiterschlagen, bis eine feste Masse
entsteht, in der ein Messerschnitt
sichtbar bleibt. Geriebene Mandeln,
Schokolade und das Rum-Backaroma mit einem Schneebesen unterheben.

2 Den Backofen auf 150 °C (Umluft
140 °C, Gas Stufe 1) vorheizen und
ein Blech mit Backpapier oder Backoblaten auslegen.

3 Die Masse mit zwei nassen
Teelöffeln als kleine Häufchen auf
das Blech oder die Oblaten setzen.
Oder den Teig in einen Spritzbeutel
oder eine Gebäckspritze mit weiter
Tülle geben und aufspritzen. Die
Makronen auf der mittleren Schiene
20 bis 25 Minuten backen.

Beliebter Klassiker

Nussecken

Für etwa 60 Stück
Für den Teig:
250 g Mehl, 70 g Zucker
1 Päckchen Vanillezucker
1 Ei, 125 g Butter
Für den Belag:
125 g Butter, 100 g Zucker
1 Päckchen Vanillezucker
300 g Mandeln, Haselnüsse und/
oder Walnüsse, fein gerieben
Backpapier für das Blech
150–200 g Orangenmarmelade
100 g Schokoglasur zum Verzieren

🕐 30 Minuten Arbeitszeit
60 Minuten Ruhezeit
15–20 Minuten Backzeit

1 Mehl, Zucker, Vanillezucker und
Ei vermischen. Butter in Stückchen
dazugeben. Alles zum glatten Teig
verkneten, zur Rolle formen, zugedeckt 60 Minuten kühl stellen.

2 Butter, Zucker, Vanillezucker und
3 Esslöffel Wasser in einem Topf
aufkochen. Die Nüsse einrühren.
Den Backofen auf 200 °C (Umluft
180 °C, Gas Stufe 3–4) einstellen.

3 Teig auf einem mit Backpapier
belegten Blech auswellen, mit Marmelade, dann mit der Nussmasse bestreichen, auf der mittleren Schiene
15 bis 20 Minuten backen. Die Platte noch warm in Dreiecke schneiden. Glasur schmelzen und die Dreiecke mit den Ecken eintauchen.

Tipp der Bäckerin

Anstelle von Mandeln
können Sie für die
Schokomakronen
auch beliebige Nüsse
verwenden.

*Nussecken – spätestens
seit Guildo Horn das
absolute Trendgebäck.*

18

Ohne Ei

Walnuss-Aprikosen-Kekse

Tipp der Bäckerin

Diese hauchzarten Kekse sind frisch gebacken etwas zerbrechlich, daher vorsichtig behandeln. Wenn sie zusammengesetzt sind, werden sie stabiler.

Für etwa 40 Stück

150 g Walnüsse, 400 g Mehl
150 g Zucker, 200 g Butter
4–5 Tropfen Bittermandel-Backaroma
1 Prise gemahlene Nelken
1 Prise Salz, 2 EL Rum
Backpapier für das Blech
3–4 EL Aprikosenmarmelade
Puderzucker zum Bestäuben

20 Minuten Arbeitszeit
🕐 40 Minuten Kühlzeit
10–15 Minuten Backzeit

1 Nüsse fein reiben oder im Blitzhacker fein zerkleinern. Mit Mehl und Zucker in eine Schüssel geben und alles vermischen. Die Butter in kleinen Stückchen darauf setzen, Mandel-Backaroma, Nelken, Salz und Rum dazugeben und alles zum glatten Teig verkneten. Für etwa 40 Minuten zugedeckt kühl stellen.

Ingwerfans ersetzen das Ingwerpulver im Rezept durch 1 Teelöffel frisch geriebenen Ingwer.

2 Ein Stück Frischhaltefolie auf die Arbeitsfläche legen, den Teig darauf legen und zu einer etwa 1 Zentimeter dicken Platte auswellen. Ein zweites Stück Folie darauf legen und den Teig 4 bis 5 Millimeter dick auswellen.

3 Den Backofen auf 180 °C (Umluft 160 °C, Gas Stufe 2–3) einstellen, ein Blech mit Backpapier auslegen.

4 Die obere Folie vom Teig abziehen und Kreise von etwa 6 Zentimeter Durchmesser ausstechen und dicht nebeneinander auf das Blech legen. Bei der Hälfte der Scheiben in der Mitte nochmals ein Loch ausstechen. Die Kekse auf der mittleren Schiene in 10 bis 15 Minuten goldbraun backen.

5 Die noch warmen Kekse ohne Loch mit der Marmelade bestreichen. Die Ringe auskühlen lassen, mit Puderzucker bestäuben und auf die Unterteile setzen.

Raffiniert

Schokoherzen mit Ingwer

Für etwa 50 Stück

400 g Mandeln
100 g bittere Schokolade
3 Eiweiß
1 Prise Salz
300 g Zucker
1 Päckchen Vanillezucker
1 Messerspitze Ingwerpulver
Backpapier oder Fett für das Blech
100 g Schokoglasur zum Bestreichen
6 eingelegte Ingwerstücke zum Belegen

60 Minuten Arbeitszeit
🕐 30 Minuten Backzeit

1 Die Mandeln und die Schokolade nacheinander fein reiben oder im Blitzhacker fein zerkleinern. Von den Mandeln 3 bis 4 Esslöffel zum Auswellen auf einen Teller geben.

2 Eiweiß mit dem Salz schaumig schlagen, dabei nach und nach Zucker und Vanillezucker dazugeben; schlagen, bis der Schnee schnittfest ist. Mandeln, Schokolade und Ingwer hinzufügen und alles zu einem glatten Teig verarbeiten.

3 Den Backofen auf 160 °C (Umluft 140 °C, Gas Stufe 1–2) vorheizen. Ein Blech mit Backpapier auslegen oder einfetten.

4 Den Teig auf der mit den restlichen gemahlenen Mandeln bestreuten Arbeitsfläche 5 Millimeter dick auswellen und Herzen ausstechen. Die Herzen mit 1 Zentimeter Abstand auf das Blech legen und auf der mittleren Schiene im heißen Ofen etwa 30 Minuten backen. Dann auf einem Kuchengitter auskühlen lassen.

5 Für die Glasur die Kuvertüre im Wasserbad schmelzen. Die Herzen mit der Glasur bepinseln oder eintauchen. Den Ingwer in feine Streifen schneiden, diese auf die noch weiche Schokolade legen und die Schokomasse erstarren lassen.

Die sind immer »herzlich willkommen«: Schokoladenplätzchen mit Ingwer.

Tipp der Bäckerin

Statt mit Ingwer können Sie die Schokoherzen auch mit gehackten Pistazien dekorieren.

Schokolade lässt sich viel leichter reiben, wenn man sie zuvor im Kühlschrank aufbewahrt hat.

Gelingt leicht

Mandel-Schoko-Plätzchen

Für etwa 80 Stück
100 g Mandeln
50 g Zartbitterschokolade
250 g Mehl
80–100 g Zucker
1 Prise Salz
1 EL Rum
200 g Butter
Backpapier oder Fett für das Blech
Mehl für die Arbeitsfläche
Zum Bestreichen:
1 Ei
60 g abgezogene gehackte Mandeln

Tipp der Bäckerin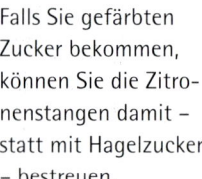

Falls Sie gefärbten Zucker bekommen, können Sie die Zitronenstangen damit – statt mit Hagelzucker – bestreuen.

30 Minuten Arbeitszeit
🕐 60 Minuten Ruhezeit
8–10 Minuten Backzeit

1 Mandeln und Schokolade fein reiben oder zusammen im Blitzhacker fein zerkleinern. Mehl, Zucker, Salz und Rum mit Mandeln und Schokolade vermischen. Die Butter in Stückchen dazugeben und unterkneten. Den Teig zu einer Kugel formen und in Frischhaltefolie gewickelt für 60 Minuten in den Kühlschrank legen.

2 Den Backofen auf 200 °C (Umluft 180 °C, Gas Stufe 3–4) einstellen. Ein Blech mit Backpapier auslegen oder einfetten.

3 Den Teig auf einer mit Mehl bestäubten Arbeitsfläche zu einer 3 bis 4 Zentimeter dicken Rolle formen und in knapp 1 Zentimeter dicke Scheiben schneiden.

4 Die Teigscheiben auf das Blech legen. Die Oberfläche mit verquirltem Ei bestreichen und mit den Mandeln bestreuen. Die Plätzchen auf der mittleren Schiene in 8 bis 10 Minuten hellbraun backen.

Raffiniert

Zitronenstangen

Für etwa 80 Stück
250 g Mehl
175 g weiche Butter
80–100 g Zucker
1 unbehandelte Zitrone
1 Ei
3-4 EL Limoncello (Zitronenlikör), ersatzweise Zitronensaft
Backpapier oder Fett für das Blech
Zum Verzieren:
150 g Puderzucker
Zitronensaft oder Limoncello
Hagelzucker

🕐 30 Minuten Arbeitszeit
10–12 Minuten Backzeit

1 Mehl mit Butter und Zucker mit dem Handrührer verrühren. Die Zitrone heiß abwaschen, trocknen und die Schale dünn abreiben. Zitronenschale, Ei und Limoncello unter den Teig rühren.

2 Den Backofen auf 200 °C (Umluft 180 °C, Gas Stufe 3–4) vorheizen. Ein Blech mit Backpapier auslegen oder einfetten.

3 Den Teig in einen Spritzbeutel oder eine Gebäckspritze mit Sterntülle füllen und 5 Zentimeter lange Stücke auf das Blech spritzen. Auf der mittleren Schiene 10 bis 12 Minuten backen.

4 Zum Verzieren Puderzucker mit Zitronensaft oder Limoncello verrühren und die Stangen zur Hälfte damit bestreichen. Mit Hagelzucker bestreuen.

Dekorativ

Zimtbrezeln

Für etwa 90 Stück

250 g Mehl

100 g Zucker

2 gehäufte TL Zimtpulver

1 Prise Salz

1 Ei

40 g Crème fraîche

125 g weiche Butter

Zum Bestreuen:

1 EL Zucker

1 Päckchen Vanillezucker

2 TL Zimtpulver

Backpapier oder Fett für das Blech

Mehl für die Arbeitsfläche

10 Minuten Arbeitszeit

🕐 30 Minuten Ruhezeit

8–10 Minuten Backzeit

1 Mehl mit Zucker, Zimt und Salz vermischen. Ei und Crème fraîche einrühren. Die Butter in Stückchen aufsetzen und unterkneten. Den Teig für etwa 30 Minuten zugedeckt kühl stellen.

2 Für den Zimt-Zucker zum Bestreuen Zucker, Vanillezucker und Zimt auf einem flachen Teller vermischen. Den Backofen auf 200 °C (Umluft 180 °C, Gas Stufe 3–4) vorheizen. Ein Blech mit Backpapier auslegen oder einfetten.

3 Die Arbeitsfläche leicht mit Mehl bestäuben. Den Teig darauf etwa 3 bis 4 Millimeter dick auswellen und mit einem Messer in 15 Zentimeter breite Streifen schneiden. Davon quer 5 Millimeter breite Streifen abschneiden, zu Brezeln formen, diese in die Zimt-Zucker-Mischung tauchen und mit 5 Millimeter Abstand auf das Blech legen.

4 Die Brezeln auf der oberen Schiene des Backofens in 8 bis 10 Minuten nicht zu dunkel backen. Die Brezeln herausnehmen und auf einem Kuchengitter auskühlen lassen.

Tipp der Bäckerin

Durch die »Schnitttechnik« sind die Brezeln blitzschnell und wesentlich leichter zu formen als mit gerolltem Teig.

Zimtstangen sind abgelöste und getrocknete Rindenstücke des Zimtbaums. Beim Backen ist Zimt nur in vermahlener Form von Bedeutung.

Feines Mitbringsel

Walnuss-Schoko-Taler

Für etwa 50 Stück

Für den Teig:

180 g Mehl

70 g Stärkemehl

70 g Zucker

1 Päckchen Vanillezucker

1 Ei

150 g Butter

Backpapier oder Fett für das Blech

Mehl für die Arbeitsfläche

Für den Belag:

200 g Marzipanrohmasse

100 g Puderzucker

Zum Bestreichen:

2–3 EL Aprikosen- oder Orangenkonfitüre

Zum Verzieren:

etwa 125 g Schokoglasur

50 Walnusshälften (etwa 200 g)

30 Minuten Arbeitszeit

🕐 60 Minuten Ruhezeit

8 Minuten Backzeit

Zur Dekoration der Walnuss-Schoko-Taler knacken Sie am besten selbst Walnüsse und lösen die Hälften vor-sichtig aus den Schalen.

1 Mehl, Stärkemehl, Zucker und Vanillezucker vermischen. Das Ei dazugeben und die Butter in Stückchen darauf setzen. Die Zutaten zu einem Teig verkneten, zur Kugel formen und in Frisch-haltefolie ge-wickelt etwa 60 Minuten im Kühlschrank ru-hen lassen.

2 Den Backofen auf 200 °C (Umluft 180 °C, Gas Stufe 3–4) einstellen. Ein Blech mit Backpapier auslegen oder einfetten.

3 Die Arbeitsfläche leicht mit Mehl bestäuben, den Teig 3 bis 4 Millime-ter dick auswellen, runde Plätzchen von etwa 3 bis 4 Zentimeter Durch-messer ausstechen, auf das Blech le-gen und auf der mittleren Schiene in etwa 8 Minuten goldgelb backen.

4 Für den Belag Marzipan mit dem Puderzucker verkneten, zwischen Frischhaltefolie etwa 4 Zentimeter dick auswellen und in der gleichen Größe wie die Plätzchen ausstechen.

5 Die Plätzchen nach dem Aus-kühlen dünn mit Konfitüre bestrei-chen und die Marzipanscheiben darauf setzen.

6 Die Schokoglasur schmelzen und die Plätzchen darin eintauchen oder oben und seitlich damit be-streichen. Die Walnusshälften in die Mitte setzen und die Glasur fest werden lassen.

Tipp der Bäckerin

Sehr fein werden die Taler auch mit einem Überzug aus Fondant statt Marzipanscheiben und Schokoglasur. Er ist als Fertigprodukt erhältlich. Unter den geschmolzenen Fondant etwas flüssige Schokolade rühren und die Taler damit überziehen.

Tipp der Bäckerin

Wenn Sie häufig Plätzchen backen, können Sie statt normalem Backpapier auch Dauerbackpapier nehmen. Dieses hält bei sachgerechter Verwendung nahezu unbegrenzt. Backreste lassen sich einfach mit einem feuchten Tuch abwischen. Sie erhalten Dauerbackpapier im Haushaltswarengeschäft.

Nelken sind die getrockneten Blüten des Gewürznelkenbaums. Ihr ätherisches Öl und der feurigwürzige Geschmack wärmen von innen.

Ohne Ei

Mandelplätzchen mit Amaretto

Für etwa 50 Stück

100 g Mandeln
150 g weiche Butter
80–100 g Zucker
1 Päckchen Vanillezucker
1 Prise Salz
200 g Mehl
2 TL Mandellikör (Amaretto)
Mehl für die Arbeitsfläche
Backpapier für das Blech

   40 Minuten Arbeitszeit
🕐 30 Minuten Ruhezeit
   12–15 Minuten Backzeit

1 Die Mandeln mit heißem Wasser überbrühen, kurz ziehen lassen, aus der Schale drücken, abtrocknen und fein reiben oder im Blitzhacker fein zerkleinern.

2 Butter mit Zucker, Vanillezucker und Salz mit dem Handrührer cremig rühren. Mehl, geriebene Mandeln und Amaretto einrühren.

Den Teig auf einer leicht bemehlten Arbeitsfläche zu einer 4 bis 5 Zentimeter dicken Rolle formen, abgedeckt 30 Minuten im Kühlschrank ruhen lassen. Den Backofen auf 200 °C (Umluft 180 °C, Gas Stufe 3–4) vorheizen.

3 Teigrolle in 5 Millimeter dicke Scheiben schneiden, diese mit 1 bis 2 Zentimeter Abstand auf das mit Backpapier belegte Blech legen. Die Plätzchen auf der mittleren Schiene in 12 bis 15 Minuten hellbraun backen und abkühlen lassen.

Fein zum Tee

Zimtplätzchen

Für etwa 100 Stück

125 g Haselnüsse
(ersatzweise Mandeln)
125 g weiche Butter
125 g Puderzucker
1 Päckchen Vanillezucker
2 gestrichene TL Zimtpulver
1 TL gemahlene Nelken
1 Prise Salz
2 Eier
300 g Mehl
Mehl für die Arbeitsfläche
Backpapier oder Fett für
das Blech
200 g Halbbitterkuvertüre zum
Verzieren

   50 Minuten Arbeitszeit
🕐 60 Minuten Ruhezeit
   10–12 Minuten Backzeit

1 Den Backofen auf 200 °C (Umluft 180 °C, Gas Stufe 3–4) einstellen. Die Haselnüsse auf ein Backblech geben und im heißen Ofen 12 bis 15 Minuten rösten. Die Nüsse leicht abkühlen lassen und die braunen Häutchen abreiben. Die Nüsse fein reiben oder im Blitzhacker fein zerkleinern.

2 Die Butter mit Puderzucker, Vanillezucker, Zimt, Nelken und Salz verrühren. Die Eier einrühren. Haselnüsse und Mehl einarbeiten. Den Teig zu einer Kugel formen, in Frischhaltefolie einwickeln und für etwa 60 Minuten in den Kühlschrank stellen.

3 Den Teig auf einer bemehlten Arbeitsfläche etwa 5 Millimeter dick auswellen und Plätzchen in beliebigen Formen ausstechen. Die Plätzchen auf ein mit Backpapier belegtes oder eingefettetes Blech setzen und im heißen Ofen auf der mittleren Schiene in 10 bis 12 Minuten goldbraun backen.

4 Zum Verzieren der Zimtplätzchen die Kuvertüre im warmen Wasserbad schmelzen. Die Plätzchen leicht abkühlen lassen, zur Hälfte in die geschmolzene Schokolade tauchen, auf Pergament- oder Backpapier setzen und die Schokoladenglasur trocknen lassen.

Zimtplätzchen: hübsch in Rauten geschnitten und zur Hälfte in Kuvertüre getaucht.

Kuvertüre hat einen hohen Gehalt an Kakaobutter, was dazu führt, dass sie leicht schmilzt, keine Klumpen bildet und gut fließt.

Für Weihnachten

Weihnachtsgebäck versüßt uns die dunklen Tage, bringt uns mit seinem aromatischen Duft in Feststimmung. Und es begleitet uns schon durch die Vorweihnachtszeit, denn bereits Wochen im Voraus können Lebkuchen und Printen gebacken werden – sie sollten vor dem Anbeißen noch eine gute Weile durchziehen, weich und saftig werden. Auch Gewürzplätzchen brauchen eine Zeit lang, bis sie ihr Aroma entfaltet haben, und warten bereits vor dem Fest in der Dose. Doch erst kurz vor Weihnachten sind dann die anderen kleinen Leckereien aus Mürbeteig, Backpulverteig und Eiweißteig dran, denn sie schmecken ganz frisch am besten.

Tipps der Bäckerin

Da diese Plätzchen
sehr kompakt sind
und nicht auseinan-
der laufen, kann man
sie sehr dicht neben-
einander auf das
Blech setzen.

Noch feiner sind die
Plätzchen, wenn man
nur etwa haselnuss-
große Portionen der
Masse in die Mitte setzt
und die Ränder zu drei-
spitzähnlichen Hütchen
zusammendrückt.

Diese feine Geschmacks-
kombination von zart-
knusprigem Mürbeteig,
weicher Makronenmasse
und der gerösteten Nuss
gehört zu meinen Plätz-
chenfavoriten.

Raffiniert

Haselnusshütchen

Für etwa 80 Stück
Für den Teig:
250 g Mehl
1/2 TL Backpulver
80 g Zucker
1 TL abgeriebene Schale von
1 unbehandelten Zitrone
(ersatzweise getrocknete
Zitronenschale)
2 Eigelbe
125 g kalte Butter
Für die Füllung:
70 g Haselnüsse
2 Eiweiß
1 Prise Salz
1 TL Zitronensaft
20 g Zucker
1 TL Rum
Backpapier oder Fett für
das Blech
Mehl für die Arbeitsfläche
etwa 80 ganze Haselnüsse
zum Verzieren

50 Minuten Arbeitszeit
🕐 **30-60 Minuten Ruhezeit**
15-20 Minuten Backzeit

1 Mehl mit Backpulver in eine
Schüssel geben. Zucker und Zitronenschale untermischen. Die Eigelbe
einrühren. Die Butter in Stückchen
auf den Zutaten verteilen und alles
zu einem glatten Teig verkneten.
Den Teig zu zwei Kugeln formen, in
Frischhaltefolie wickeln und für 30
bis 60 Minuten in den Kühlschrank
legen.

2 Für die Füllung die Haselnüsse
reiben oder im Blitzhacker fein zerkleinern. In einem schmalen Rühr-
becher Eiweiß mit Salz und Zitronensaft steif schlagen. Den Zucker
einrühren und weiterrühren, bis er
vollständig aufgelöst ist. Die Nüsse
mit dem Rum vorsichtig unter die
Ei-Zucker-Masse heben.

3 Den Backofen auf 200 °C (Umluft
180 °C, Gas Stufe 3–4) einstellen.
Ein Blech mit Backpapier auslegen
oder einfetten.

4 Den Teig auf der leicht bemehlten Arbeitsfläche leicht auswellen,
ein Stück Frischhaltefolie darauf legen und den Teig 3 bis 4 Millimeter
dünn auswellen. Den Teig mit einer
Palette vorsichtig von der Arbeitsfläche lösen.

5 Aus dem Teig runde Plätzchen
von etwa 4 Zentimeter Durchmesser
ausstechen und diese mit knappem
Abstand (5 bis 10 Millimeter) auf
das Blech setzen. Mit zwei Teelöffeln
walnussgroße Portionen Nussmasse
in die Mitte der Plätzchen setzen.

6 Die Plätzchenränder mit drei Fin-
gern gleichzeitig an drei Seiten zu-
sammen- und leicht festdrücken.
In die Mitte der Plätzchen je 1 Haselnuss setzen.

7 Die Plätzchen auf der mittleren
Schiene 15 bis 20 Minuten backen,
bis die Ränder leicht gebräunt sind.
Die Plätzchen auf einem Kuchengitter auskühlen lassen.

Beliebter Klassiker

Vanillekipferl

Tipp der Bäckerin

Für die Vanillekipferl können die Mandeln geschält oder ungeschält verwendet werden. Mit geschälten, gemahlenen Mandeln werden die Plätzchen etwas heller.

Für etwa 50 Stück

100 g Mandeln
150 g weiche Butter
80–100 g Zucker
2 Eigelbe
Mark von 1 Vanilleschote oder
1 TL gemahlene Vanille
1 Prise Salz
300 g Mehl
Backpapier oder Fett für das Blech

Zum Wälzen:

2 Päckchen Vanillezucker
50 g Puderzucker

40 Minuten Arbeitszeit
🕐 30–60 Minuten Ruhezeit
12–15 Minuten Backzeit

1 Die Mandeln fein reiben oder im Blitzhacker fein zerkleinern. 50 Gramm davon auf einen Teller geben und beiseite stellen.

Praktisch für große und kleine Plätzchenmengen: das ausziehbare Backblech.

2 Butter mit Zucker cremig rühren. Eigelbe, Vanille und Salz hinzufügen und noch 2 bis 3 Minuten rühren. Mehl und gemahlene Mandeln dazugeben und alles zu einem geschmeidigen Teig verarbeiten.

3 Den Teig zu mehreren Rollen von etwa 4 Zentimeter Durchmesser formen und diese in Frischhaltefolie gewickelt für 30 bis 60 Minuten in den Kühlschrank legen. Den Backofen auf 180 °C (Umluft 160 °C, Gas Stufe 2–3) einstellen und ein Blech mit Backpapier auslegen oder einfetten.

4 Von den Teigrollen etwa 5 Millimeter dicke Scheiben abschneiden und zwischen den Handflächen zu 7 bis 8 Zentimeter langen Rollen formen, die sich nach außen hin verjüngen, oder den Teig portionsweise zu etwa 1 Zentimeter dicken Rollen formen. Diese Rollen mit schräg laufenden Schnitten in Stücke von jeweils 7 bis 8 Zentimeter Länge schneiden.

5 Die Teigröllchen auf das Blech legen und zu Hörnchen biegen. Diese Kipferl auf der mittleren Schiene in 12 bis 15 Minuten hellbraun backen.

6 Die restlichen Mandeln mit Vanillezucker und Puderzucker vermischen. Die Kipferl noch warm in der Mandel-Zucker-Mischung wälzen und auf einem Kuchengitter auskühlen lassen.

Gut aufzubewahren

Terrassenplätzchen

Für etwa 30 Stück

150 g weiche Butter
100 g Zucker
1 Päckchen Vanillezucker
1 Ei, 1 Prise Salz
300 g Mehl
2 gestrichene TL Backpulver
Mehl für die Arbeitsfläche
Backpapier für das Blech
3–4 EL Konfitüre zum Bestreichen

40 Minuten Arbeitszeit
🕐 30–60 Minuten Ruhezeit
8–10 Minuten Backzeit

1 Butter, Zucker, Vanillezucker cremig rühren. Ei, Salz und die Hälfte des Mehls einrühren, den Rest mit dem Backpulver unterkneten. Teig für 30 bis 60 Minuten kühl stellen.

2 Den Backofen auf 200 °C (Umluft 180 °C, Gas Stufe 3–4) einstellen. Teig mit wenig Mehl dünn auswellen. Plätzchen in drei Größen ausstechen und auf ein mit Backpapier belegtes Blech legen. Auf der mittleren Schiene 8 bis 10 Minuten backen.

3 Alle kleinen und mittleren Plätzchen auf der Unterseite mit Konfitüre bestreichen. Die Plätzchen terrassenförmig aufeinander setzen.

Terrassenplätzchen – Genuss in mehreren feinen Schichten.

Tipp der Bäckerin

Besonders schön sieht es aus, wenn Sie die zusammengesetzten Terrassenplätzchen mit Puderzucker bestäuben.

Dekorativ

Zimtsterne

Tipp der Bäckerin

Zimtsterne dürfen nicht zu lange backen und nicht zu trocken werden, damit sie innen noch saftig sind. Sollten die Plätzchen dennoch einmal zu hart geworden sein, zu den Plätzchen in die Dose einfach 2 bis 3 Apfelschnitze legen. Diese nach 2 bis 3 Tagen wieder entfernen.

Zutaten für etwa 60 Stück

400 g Mandeln
100 g Haselnüsse
3 Eiweiß
1 TL Zitronensaft
1 Prise Salz
250 g Puderzucker
1 gehäufter EL Zimtpulver
Backpapier oder Fett für das Blech

60 Minuten Arbeitszeit
🕐 3–4 Stunden Ruhezeit
10–15 Minuten Backzeit

1 Den Backofen auf 180 °C (Umluft 160 °C, Gas Stufe 2) vorheizen. Mandeln und Haselnüsse auf ein Blech legen und im heißen Ofen 15 bis 20 Minuten rösten. Die Nüsse leicht abkühlen lassen, dann fein reiben oder im Blitzhacker fein zerkleinern.

2 Eiweiß mit Zitronensaft, Salz und Puderzucker verrühren und nur halb steif schlagen. Etwa ein Drittel der Masse für die Glasur abnehmen.

Zimtsterne: nur echt mit der Eiweiß-Zucker-Glasur.

3 Die geriebenen Mandeln und Nüsse mit dem Zimt vermischen und vorsichtig unter die Eiweiß-Zucker-Masse heben.

4 Ein Blech mit Backpapier auslegen oder einfetten. Die Masse zwischen zwei Lagen Frischhaltefolie etwa 1 Zentimeter dick auswellen. Die obere Folie abnehmen und die Glasur mit einem Pinsel nicht zu dick aufstreichen.

5 Ein Schälchen mit heißem Wasser bereitstellen. Einen Sternausstecher vor jedem Ausstechen zuerst in das heiße Wasser tauchen und die Zimtsterne so eng aneinander wie möglich ausstechen und dicht auf das Blech legen.

6 Den restlichen Teig wieder auswellen, mit Glasur bestreichen und daraus wieder Sterne ausstechen. Die Plätzchen vor dem Backen 3 bis 4 Stunden trocknen lassen.

7 Den Backofen auf 100 °C (Umluft 80 °C, Gas Stufe 1) einstellen und die Zimtsterne auf der mittleren Schiene in 10 bis 15 Minuten mehr trocknen lassen als backen. Die Plätzchen sind fertig, wenn sie auf der Unterseite nicht mehr feucht sind, d. h, wenn sie sich auf dem Blech leicht verschieben lassen.

Ohne Ei

Printen

Für etwa 30 Stück

40 g brauner Zucker

100 g Birnendicksaft oder Zuckerrübensirup

50 g Butter

2 EL Milch

50 g Orangeat

1/2 TL gemahlener Anis

1/2 TL gemahlene Nelken

1 TL Zimtpulver

1 TL gemahlene Vanille

250 g Mehl

3 gestrichene TL Backpulver

Backpapier oder Fett für das Blech

Zum Verzieren:

2 EL Milch

50 g gehäutete Mandeln

   30 Minuten Arbeitszeit

🕐 2 Stunden Ruhezeit

   15 Minuten Backzeit

1 Zucker, Dicksaft oder Sirup, Butter und Milch in einen Topf geben, erwärmen, dann in eine Rührschüssel geben und abkühlen lassen.

2 Das Orangeat fein hacken und mit Anis, Nelken, Zimt und Vanille in die Butter-Zucker-Mischung geben. Mehl mit Backpulver vermischen, auf die Zutaten geben und alles unterkneten. Den Teig zugedeckt etwa 2 Stunden bei Zimmertemperatur ruhen lassen.

3 Den Backofen auf 200 °C (Umluft 180 °C, Gas Stufe 3–4) einstellen.

4 Ein Blech mit Backpapier auslegen oder einfetten.

5 Den Teig auf leicht bemehlter Arbeitsfläche oder zwischen Frischhaltefolie 4 bis 5 Millimeter dick auswellen und in etwa 3 x 7 Zentimeter große Rechtecke schneiden. Die Plätzchen mit 1 Zentimeter Abstand auf das Blech legen und mit der Milch bestreichen.

6 Die Mandeln längs halbieren oder stifteln und in Mustern auf die Printen legen; leicht andrücken. Die Printen auf der mittleren Schiene in etwa 15 Minuten goldbraun backen.

Tipp der Bäckerin

Die Printen sollten Sie vor dem Verzehr an einem kühlen Ort offen durchziehen lassen, damit sich die Aromen gut entfalten können und der Teig etwas weicher wird.

Sternanis und Nelken sind es, die den Printen den einzigartigen, unverwechselbaren Geschmack verleihen.

Die würzigen Printen gehören vor allem im Rheinland und in der Eifel zu den ältesten Weihnachtsgebäckarten. Bekannt sind besonders die Aachener Printen.

*Die getrockneten Fäden
des Samenmantels der
Muskatnuss nennt man
Muskatblüten oder
Macis. Sie werden fein
vermahlen wie Muskat-
nuss verwendet, sind
aber milder und feiner
als diese.*

Gelingt leicht

Honiglebkuchen

Für etwa 30 Stück

500 g Honig
150 g brauner Zucker
5 EL Öl, 3 Eier
1 EL Zimtpulver
1 TL gemahlene Nelken
1/2 TL gemahlener Kardamom
je 1 Messerspitze gemahlene
Muskatblüte und Ingwerpulver
650 g Mehl
1 Päckchen Backpulver
100 g Mandeln, 2 EL Zucker
100 g gehacktes Zitronat
100 g gehacktes Orangeat
Backpapier oder Fett für das Blech
1 Ei zum Bestreichen
etwa 100 g gehäutete halbierte
Mandeln zum Verzieren

🕐 **40 Minuten Arbeitszeit
35–40 Minuten Backzeit**

1 Honig, Zucker, Öl und 5 Esslöffel
Wasser in einem Topf unter Rühren
erwärmen, dabei den Zucker auf-
lösen. Die Mischung in eine Rührschüssel geben und abkühlen lassen.

2 Eier, Zimt, Nelken, Kardamom,
Muskat und Ingwer in die fast abgekühlte Masse rühren. Mehl mit
Backpulver mischen und einarbeiten.

3 Die Mandeln grob hacken und
mit dem Zucker kurz rösten. Mit Zitronat und Orangeat unter den Teig
kneten.

4 Den Backofen auf 180 °C (Umluft
160 °C, Gas Stufe 2–3) einstellen,
ein Blech mit Backpapier auslegen
oder einfetten. Den Teig gleichmäßig
auf das Blech streichen. Das Ei verquirlen und den Teig damit bestreichen. Mit einem scharfen Messer die
Linien für die Stücke markieren.

5 Die Mandelhälften in Mustern
darauf verteilen; leicht andrücken.
Die Teigplatte auf der mittleren
Schiene 35 bis 40 Minuten backen.
Noch warm in Rechtecke schneiden.

Beliebter Klassiker

Elisenlebkuchen

Für etwa 40 Stück

je 125 g Haselnüsse und Mandeln
je 80 g Zitronat und Orangeat
2 Eier
1 Prise Salz
70 g Zucker
1/4 TL gemahlene Nelken
1/4 TL gemahlene Muskatblüte
1 TL Zimtpulver
2 TL abgeriebene Schale von
1 unbehandelten Zitrone
etwa 40 Backoblaten (7 cm Ø)
50 g Vollmilchkuvertüre

🕐 **40 Minuten Arbeitszeit
15–20 Minuten Backzeit**

1 Die Hälfte der Haselnüsse und Mandeln fein reiben oder im Blitzhacker fein zerkleinern. Restliche Haselnüsse, Mandeln, Zitronat und Orangeat mit einem großen Messer oder im Blitzhacker mittelgrob hacken.

2 Die Eier mit 1 bis 2 Esslöffeln heißem Wasser schaumig schlagen. Salz und Zucker einrühren und weiterschlagen, bis eine dickschaumige Masse entstanden ist. Nelken, Muskatblüte, Zimt und Zitronenschale einrühren. Haselnüsse, Mandeln, Zitronat und Orangeat auf die Masse geben und vorsichtig mit einem Schneebesen unterheben.

3 Den Backofen auf 180 °C (Umluft 160 °C, Gas Stufe 2–3) einstellen und ein Backblech mit den Oblaten belegen.

4 Mit zwei Teelöffeln jeweils so viel Masse auf die Oblaten setzen, dass ein 5 Millimeter breiter Rand bleibt. Die Lebkuchen auf der mittleren Schiene des Backofens 15 bis 20 Minuten backen.

5 Die Kuvertüre im heißen Wasserbad schmelzen. Die Glasur streifenförmig über die Lebkuchen laufen lassen oder die Lebkuchen teilweise mit Glasur bestreichen und auf einem Kuchengitter auskühlen lassen.

Ohne sie ist die Adventszeit fast undenkbar: Elisenlebkuchen mit und ohne Schokoladenglasur.

Model sind die Plätz-
chenformen aus früheren
Zeiten: Holzplatten, in
die Figuren und Muster
eingeschnitt sind. Tradi-
tionell zeigen Speku-
latiusmodel verschiedene
Tierformen.

*Einen Hauch von Orient
verströmen die erst di-
rekt vor der Verwendung
zerstoßenen Samen
in den Karda-
momkapseln.*

Gut aufzubewahren

Spekulatius

Für etwa 70 Stück

250 g Mehl

1/2 TL Backpulver

100 g Farinzucker
(ersatzweise weißer Zucker)

1 Päckchen Vanillezucker

2 Tropfen Bittermandel-Backaroma

1 Messerspitze gemahlener
Kardamom

1 Messerspitze gemahlene Nelken

1/2 TL Zimtpulver

1 Prise Salz

100 g Butter

1 Ei

   Backpapier oder Fett für
     das Blech

   Mandelblättchen zum
     Verzieren

      Mehl für die Arbeitsfläche

50 Minuten Arbeitszeit
🕐 **8 Stunden Ruhezeit**
10 Minuten Backzeit

1 Das Mehl mit
Backpulver, Zucker,
Vanillezucker, Bitter-
mandel-Backaroma,
Kardamom, Nelken,
Zimt und Salz vermi-
schen. Die Butter in
Stückchen auf die Zu-
taten setzen. Das Ei
dazugeben und
alles mit den Hän-
den zu einem
glatten Teig
verkneten.

2 Den Teig zu zwei Kugeln formen,
in Frischhaltefolie wickeln und etwa
8 Stunden oder am besten über
Nacht durchziehen lassen, so dass
sich die Gewürzaromen bereits gut
entfalten und verbinden können.

3 Den Backofen auf 200 °C (Umluft
180 °C, Gas Stufe 3–4) einstellen.
Ein Blech mit Backpapier auslegen
oder einfetten. Die Mandelblättchen
gleichmäßig auf dem gesamten
Blech verteilen.

4 Den Spekulatiusteig auf der
leicht bemehlten Arbeitsfläche etwa
3 Millimeter dick auswellen. Beliebige, nicht zu kleine Formen ausstechen und die Plätzchen dicht an
dicht auf das Blech legen, dabei
darauf achten, dass die Plätzchen
mit ihrer gesamten Fläche auf Mandelblättchen liegen.

5 Die Spekulatius auf der mittleren
Schiene des Backofens in etwa
10 Minuten goldbraun backen.

Tipp der Bäckerin

Nach klassischem Rezept werden
die Spekulatius in Modeln geformt.
Dafür die Model mit Mehl bestäuben, den Teig in die Formen drücken
und mit einem bemehlten Messer
den überstehenden Teig abschneiden. Mandelblättchen in den Teig
drücken, den Teig aus den Modeln
lösen und mit der Mandelseite nach
unten auf das Blech legen.

Fein zum Tee

Dinkel-Gewürz-Plätzchen

Für etwa 50 Stück

125 g weiche Butter
100 g Zucker
1 Päckchen Vanillezucker
1 Prise Salz
1 Ei
250 g Dinkelmehl
1 TL Backpulver
1/2 TL gemahlene Nelken
1 TL gemahlenes Zimtpulver
1 TL gemahlene Vanille
Backpapier oder Fett für das Blech
Mehl für die Arbeitsfläche
50 g Kuvertüre zum Verzieren

🕐 **35 Minuten Arbeitszeit
8–10 Minuten Backzeit**

1 Butter mit Zucker, Vanillezucker, Salz und Ei cremig rühren. Mehl mit Backpulver, Nelken, Zimt und Vanille vermischen und in die Crememasse geben. Alles zu einem glatten Teig verarbeiten.

2 Den Backofen auf 180 °C (Umluft 160 °C, Gas Stufe 2–3) einstellen. Ein Blech mit Backpapier auslegen oder einfetten.

3 Aus dem Teig Rollen formen und davon etwa nussgroße Portionen abnehmen, diese zwischen den Handflächen zu Kugeln formen und etwas flach drücken. Oder die Arbeitsfläche mit Mehl bestreuen, den Teig darauf etwa 5 Millimeter dick auswellen und beliebige Plätzchenformen ausstechen.

4 Die Plätzchen mit etwa 1 Zentimeter Abstand auf das Blech legen und im heißen Backofen auf der mittleren Schiene in 8 bis 10 Minuten goldbraun backen. Die Plätzchen auf ein Kuchengitter legen und auskühlen lassen.

5 Die Kuvertüre im heißen Wasserbad schmelzen. Die flüssige Schokolade in eine Tüte aus Pergamentpapier oder in einen Gefrierbeutel füllen. Von der Tüte nur ein kleines Eck der unteren Spitze abschneiden und die Glasur in dünnem Strahl unregelmäßig auf den Gewürzplätzchen verteilen.

Für diese Plätzchen eignet sich auch gut Dinkelvollkornmehl, denn Dinkel lässt sich besonders fein mahlen, und das Vollkornmehl enthält damit wenig grobe Kleieanteile. Denken Sie jedoch daran, dass Sie dann etwas Flüssigkeit zum Teig geben (entweder 2 bis 4 Esslöffel Wasser oder ein weiteres Ei), denn Vollkornmehl quillt bei der Zubereitung und beim Backen mehr als ausgemahlenes Mehl.

Feiner Buttergeschmack passt zu den Dinkel-Gewürz-Plätzchen ausgezeichnet.

Gelingt leicht

Kokosmakronen

Tipp der Bäckerin

In die abgekühlte Masse für die Kokosmakronen kann man zusätzlich noch etwa 50 Gramm Schokostreusel oder Schokoplättchen einrühren.

Für etwa 60 Stück

etwa 60 Backoblaten (4 cm Ø) oder Backpapier für das Blech
200 g Kokosraspel
4 Eiweiß
150 g Zucker
2 TL abgeriebene Schale von 1 unbehandelten Orange oder Zitrone
1 Prise Salz
2 leicht gehäufte EL Mehl

30 Minuten Arbeitszeit
🕐 20 Minuten Kühlzeit
20–25 Minuten Backzeit

Die Orangen zum Abreiben müssen unbedingt ungewachst sein. In der Regel bekommen Sie diese in Reformhäusern oder Naturkostläden. Ansonsten greifen Sie lieber auf abgepackte getrocknete Orangenschale aus dem Backzutatenregal zurück.

1 Das Blech mit den Oblaten oder mit Backpapier auslegen.

2 Kokosraspel mit Eiweiß, Zucker, Orangen- oder Zitronenschale, Salz und Mehl in einen breiten Topf geben und verrühren. Alles bei mittlerer Hitze etwa 10 Minuten erhitzen, aber nicht kochen, dabei gelegentlich mit einem Kochlöffel über den Topfboden rühren. Die Masse etwa 20 Minuten auskühlen lassen.

3 Den Backofen auf 160 °C (Umluft 140 °C, Gas Stufe 1–2) vorheizen. Von der Teigmasse mit zwei Teelöffeln kleine Portionen auf die Oblaten oder das Backpapier setzen.

Kleine Geschenke erhalten die Freundschaft, z. B. hübsch verpackte Orangenmakronen.

4 Die Kokosmakronen auf der mittleren Schiene 20 bis 25 Minuten backen und auf dem Blech auskühlen lassen.

Raffiniert

Orangenmakronen

Für etwa 50 Stück

etwa 50 Backoblaten (4 cm Ø) oder Backpapier für das Blech
300 g Mandeln
100 g Orangeat
4 Eiweiß
1 Prise Salz
300 g Puderzucker
abgeriebene Schale von
1 unbehandelten Orange
1 TL Zimtpulver
1 Messerspitze gemahlene Nelken

🕐 40 Minuten Arbeitszeit
20–25 Minuten Backzeit

1 Das Blech mit den Oblaten oder mit Backpapier auslegen. Den Backofen auf 160 °C (Umluft 140 °C, Gas Stufe 1–2) vorheizen.

2 Die Mandeln fein reiben oder im Blitzhacker fein zerkleinern. Das Orangeat hacken. Eiweiß mit dem Salz steif schlagen. Puderzucker nach und nach dazugeben. Die geriebenen Mandeln, Orangeat, Orangenschale, Zimt und Nelken dazugeben und vorsichtig unterheben.

3 Die Masse mit zwei Teelöffeln in kleinen Häufchen auf die Oblaten oder das Backpapier setzen.

4 Die Orangenmakronen auf der mittleren Schiene 20 bis 25 Minuten backen und auf dem Blech auskühlen lassen.

Dekorativ

Haselnussmakronen

Tipp der Bäckerin

Sollte die Masse zu fest geworden sein, noch 1 bis 2 Esslöffel Rum einrühren.

Für etwa 50 Stück

400 g Haselnüsse
etwa 50 Backoblaten (4 cm Ø) oder Backpapier für das Blech
6 Eiweiß
380 g Zucker
2 TL gemahlene Vanille
1 TL abgeriebene Schale von 1 unbehandelten Orange oder Zitrone
1 Prise Salz
1 EL Mehl
1 EL Kakaopulver
150 g Kuvertüre zum Verzieren

40 Minuten Arbeitszeit
🕐 20 Minuten Kühlzeit
20–25 Minuten Backzeit

Die Makronenrezepte mit der erhitzten Grundmasse sind besonders unkompliziert und gelingen leicht.

1 Haselnüsse auf ein Backblech legen und bei 200 °C (Umluft 180 °C, Gas Stufe 3–4) etwa 10 Minuten rösten. Herausnehmen und leicht abkühlen lassen.

2 Von den Haselnüssen die braunen Häutchen zwischen den Handflächen abreiben. 50 Gramm Nüsse zum Verzieren beiseite legen, den Rest fein reiben oder im Blitzhacker fein zerkleinern. Das Backblech mit den Oblaten oder mit Backpapier auslegen.

3 Die zerkleinerten Nüsse mit Eiweiß, Zucker, Vanille, der Orangen- oder Zitronenschale, Salz, Mehl und Kakao in einen breiten Topf geben. Alles bei mittlerer Hitze etwa 10 Minuten erhitzen, aber nicht kochen. Dabei gelegentlich mit einem Kochlöffel über den Topfboden rühren. Die Masse etwa 20 Minuten auskühlen lassen.

4 Den Backofen auf 180 °C (Umluft 160 °C, Gas Stufe 2–3) vorheizen. Die Makronenmasse in einen Spritzbeutel oder eine Gebäckspritze füllen und kleine Häufchen auf die Oblaten oder das Backpapier spritzen. Die Haselnussmakronen im heißen Backofen auf der mittleren Schiene in 20 bis 25 Minuten backen. Aus dem Ofen nehmen und etwas abkühlen lassen.

5 Die Kuvertüre im Wasserbad schmelzen. Die leicht abgekühlten Makronen zur Hälfte in die Glasur tauchen, abstreifen und zum Trocknen auf Pergamentpapier legen. Solange die Schokolade noch feucht ist, je 1 ganze Haselnuss in die Mitte setzen.

Haselnüsse sorgen für Biss, die abgeriebene Orangenschale bringt eine feine Zitrusnote.

Ohne Ei

Mandellinchen

Für etwa 30 Stück
75 g Mandeln
200 g Marzipanrohmasse
1 TL Zitronensaft, 80 g Puderzucker
2–3 EL Mandellikör (Amaretto)
Backpapier für das Blech
30 ganze Mandeln zum Verzieren
Puderzucker zum Bestäuben

🕐 **40 Minuten Arbeitszeit**
10–15 Minuten Backzeit

1 Die Mandeln mit kochendem Wasser überbrühen, einige Minuten ziehen lassen. Die Mandelkerne aus dem Häutchen drücken und trocknen lassen. Die Mandeln reiben und mit Marzipanrohmasse, Zitronensaft, Puderzucker und Amaretto vermengen.

2 Den Backofen auf 180 °C (Umluft 160 °C, Gas Stufe 2–3) einstellen, ein Blech mit Backpapier auslegen.

3 Aus dem Teig kleine Kugeln formen, diese auf das Blech legen, leicht flach drücken und je 1 ganze Mandel in die Mitte eindrücken.

4 Plätzchen auf der mittleren Schiene in 10 bis 15 Minuten goldgelb backen, mit Puderzucker bestäuben.

Muten fast wie kleine Pralinen an: die Marzipanplätzchen Mandellinchen.

Tipp der Bäckerin

Sie können die Mandellinchen auch in Papierbackförmchen backen.

Beliebter Klassiker

Spritzgebäck

Tipp der Bäckerin

Der Teig kann auch mehrere Stunden vor dem Backen zubereitet und kühl gestellt werden. Den Teig dann aber einige Zeit bei Zimmertemperatur liegen lassen oder mit den Händen leicht anwärmen, damit er sich leichter durchpressen lässt.

Je feiner das Mehl vermahlen ist, desto niedriger ist die Typenbezeichnung auf der Verpackung.

Für etwa 70 Stück

250 g weiche Butter
180 g Zucker
1 Päckchen Vanillezucker
1 Ei
1 Prise Salz
300 g Mehl
125 g Haselnüsse oder Mandeln
1–2 EL Rum oder Sahne
Backpapier oder Fett für das Blech
100 g Kuvertüre für die Glasur

40 Minuten Arbeitszeit
30–60 Minuten Ruhezeit
10–15 Minuten Backzeit

1 Die Butter mit Zucker und Vanillezucker cremig rühren. Das Ei und das Salz einrühren und noch 2 bis 3 Minuten rühren. Das Mehl auf die Masse geben.

2 Haselnüsse oder Mandeln fein reiben oder im Blitzhacker fein zerkleinern und mit dem Mehl und Rum oder Sahne in die Butter-Zucker-Masse einarbeiten. Der Teig darf nicht zu fest sein, damit er sich gut durchpressen lässt. Eventuell noch etwas Flüssigkeit dazugeben.

3 Den Teig zu Rollen formen und in Frischhaltefolie gewickelt für 30 bis 60 Minuten kühl stellen.

4 Den Backofen auf 180 °C (Umluft 160 °C, Gas Stufe 2–3) einstellen und ein Blech mit Backpapier auslegen oder einfetten.

5 Die Teigrollen nacheinander in eine Gebäckspritze oder in den Fleischwolf geben und beliebige Kringel oder Kreise auf das Blech spritzen.

6 Das Spritzgebäck im heißen Backofen auf der mittleren Schiene in 10 bis 15 Minuten goldbraun backen und auf einem Kuchengitter auskühlen lassen.

7 Zum Verzieren die Kuvertüre im heißen Wasserbad verflüssigen. Das Spritzgebäck damit an den Enden bestreichen oder eine Ecke darin eintauchen und die Schokolade trocknen lassen.

Gut aufzubewahren

Linzer Plätzchen

Für etwa 40 Stück

125 g Mandeln oder
Haselnüsse

200 g Mehl

1 gestrichener TL Backpulver

1 Messerspitze gemahlene
Nelken

1 TL Zimtpulver

4 Tropfen Bittermandel-Backaroma

100 g Zuckerrübensirup

1 Ei

125 g Butter

Backpapier oder Fett für das Blech

2–3 EL Himbeer-, Johannisbeer-
oder Zwetschgenmarmelade für
die Füllung

40 Minuten Arbeitszeit
🕐 **60 Minuten Ruhezeit**
15–20 Minuten Backzeit

1 Mandeln oder Haselnüsse fein
reiben oder im Blitzhacker fein zerkleinern. Mehl, Backpulver, Nelken,
Zimt und Backaroma dazugeben
und alles vermischen.

2 Zuckerrübensirup und das Ei unterrühren. Die Butter in Stückchen
dazugeben und alles zu einem glatten Teig verkneten. Den Teig in
Frischhaltefolie gewickelt für etwa
60 Minuten kühl stellen.

3 Den Backofen auf 180 °C (Umluft
160 °C, Gas Stufe 2–3) einstellen.
Ein Blech mit Backpapier auslegen
oder einfetten.

4 Den Teig zu einer Rolle formen,
walnussgroße Portionen davon abnehmen und zu Kugeln formen. Die
Kugeln mit 2 Zentimeter Abstand
auf das Blech setzen.

5 In die Mitte jeder Teigkugel mit
dem kleinen Finger oder einem
Kochlöffelstiel eine kleine Mulde
eindrücken. Etwas Marmelade in die
Mulde geben.

6 Die Plätzchen im heißen Backofen auf der mittleren Schiene 15
bis 20 Minuten backen und auf einem Kuchengitter auskühlen lassen.

Tipp der Bäckerin

Sie können die Linzer Plätzchen statt
mit Zuckerrübensirup auch mit braunem oder weißem Zucker oder mit
Honig zubereiten.

*Beim sehr langsamen
Einkochen wird die
Zwetschgenmarmelade
(bzw. das Pflaumenmus)
fast schwarz.*

Der Zuckerrübensirup –
auch als Rübenkraut
im Handel – verleiht
den Linzer Plätzchen,
die bereits durch den
Zimt ein würziges Aro-
ma haben, zusätzlichen
kräftigen Geschmack.

Aus aller Welt

Die Lust auf süßes Kleingebäck ist weltumspannend: Folgen Sie uns auf einer kulinarischen Plätzchenreise von den mediterranen Ländern über Mittel- und Nordeuropa bis ganz in den Osten Europas. Machen Sie mit uns einen Besuch auf den Inselwelten von Indonesien und der Karibik, und landen Sie schließlich in Amerika, dem Land der Cookies.

Fein zu Wein

Cantuccini

Tipp der Bäckerin

Diese Mandelkekse lassen sich sehr gut aufbewahren. Damit sie schön knusprig bleiben, sollten sie jedoch immer – getrennt von anderen Plätzchen – in dicht verschlossenen Dosen oder Gläsern aufbewahrt werden.

Für etwa 100 Stück

250 g Mandeln, mit oder ohne Häutchen
20 g Butter
Backpapier oder Fett für das Blech
4 Eiweiß
1 Prise Salz
350 g feiner Zucker
2 Eigelbe
1 Päckchen Vanillezucker
1–2 TL abgeriebene Schale von 1 unbehandelten Zitrone oder Orange
500 g Mehl
1 Päckchen Backpulver

🕐 **40 Minuten Arbeitszeit**
40–45 Minuten Backzeit

1 Die Mandeln in der Butter unter Rühren rösten, etwas abkühlen lassen und auf einem großen Brett grob hacken.

Unbehandelte Zitrusfrüchte sollten gut unter lauwarmem Wasser abgewaschen und mit einem Küchentuch abgerieben werden, bevor man die Schale verwendet.

2 Den Backofen auf 180 °C (Umluft 160 °C, Gas Stufe 2–3) einstellen und ein Blech mit Backpapier auslegen oder einfetten.

3 Eiweiß mit Salz steif schlagen. Den Zucker dazugeben und die Masse noch 2 bis 3 Minuten weiterschlagen. Eigelbe, Vanillezucker und Zitronen- oder Orangenschale einrühren.

4 Das Mehl mit dem Backpulver vermischen und zusammen mit den Mandeln unter die Schaummasse heben. Den Teig zu 3 bis 4 Zentimeter dicken Rollen formen, diese auf das Backblech setzen und mit einem Brett leicht flach drücken. Die Rollen im heißen Ofen in etwa 25 Minuten auf der mittleren Schiene goldgelb backen.

5 Das Blech aus dem Ofen nehmen und die Rollen noch warm in 1 bis 1 1/2 Zentimeter breite schräge Scheiben schneiden. Diese mit der Schnittfläche auf das Blech legen und die Cantuccini weitere 15 bis 20 Minuten backen und dabei hellbraun werden lassen.

Schnell zubereitet

Sizilianische Erdnussmakronen

Für etwa 36 Stück

200 g ungesalzene Erdnüsse
3 Eiweiß, 1 Prise Salz
1 TL Zitronensaft
160 g Zucker
2 EL Instant-Cappuccinopulver
Backpapier oder Fett für das Blech

🕐 **30 Minuten Arbeitszeit**
12–15 Minuten Backzeit

1 Die Erdnüsse grob hacken. Eiweiß mit Salz und Zitronensaft steif schlagen. Den Zucker nach und nach einrühren. Das Cappuccinopulver dazugeben und noch 2 bis 3 Minuten weiterrühren. Die Erdnüsse vorsichtig unterheben.

2 Den Backofen auf 180 °C (Umluft 160 °C, Gas Stufe 2–3) einstellen und ein Blech mit Backpapier auslegen oder einfetten.

3 Von der Baisermasse mit zwei Teelöffeln kleine Häufchen mit etwa 3 Zentimeter Abstand auf das Blech setzen. Die Erdnussmakronen auf der mittleren Schiene 12 bis 15 Minuten backen, auf einem Kuchengitter auskühlen lassen.

Cantuccini sind die klassischen Mandelkekse aus der Toskana, die so knusprig sind, dass man sie am besten in Kaffee, Tee, Vino Santo oder anderen Süßwein taucht.

Fein zum Kaffee

Amaretti

Für etwa 60 Stück

250 g Mandeln
3 Eiweiß
1 Prise Salz
125 g feiner Zucker
6 Tropfen Bittermandel-Backaroma
1 EL Mandellikör (Amaretto)
5 Tropfen Zitronen-Backaroma oder
2 TL getrocknete Zitronenschale
Backpapier für das Blech

🕐 **40 Minuten Arbeitszeit**
20–25 Minuten Backzeit

1 Die Mandeln mit kochendem Wasser überbrühen, einige Minuten ziehen lassen. Dann die Mandelkerne aus dem Häutchen drücken, trocknen lassen und fein reiben oder im Blitzhacker fein zerkleinern.

In Italien serviert man die Amaretti gern zu einem Espresso oder Kaffee.

2 Eiweiß mit dem Salz steif schlagen. Den Zucker nach und nach dazugeben und weiterrühren, bis die Masse fest und cremig ist. Mandeln, Bittermandel-Backaroma, Amaretto und Zitronen-Backaroma oder Zitronenschale vorsichtig unterheben.

3 Den Backofen auf 160 °C (Umluft 140 °C, Gas Stufe 1–2) einstellen, ein Blech mit Backpapier auslegen. Mit zwei Teelöffeln, einer Gebäckspritze oder einem Spritzbeutel 2 bis 3 Zentimeter große Teighäufchen aufs Blech setzen. Die Makronen auf der mittleren Schiene 20 bis 25 Minuten backen. Die Makronen sollen innen noch leicht feucht sein.

Tipps der Bäckerin

Schneller geht es, wenn Sie bereits gehäutete Mandeln verwenden. Zur Aromatisierung gibt es auch fertige Bittermandel-Amaretto-Mischungen.

Dekorativ

Malteser Schokoplätzchen

Für etwa 50 Stück
Für den Teig:
175 g weiche Butter
120 g Puderzucker
1 Päckchen Vanillezucker
4 Eigelbe
160 g Mehl, 40 g Kakaopulver
Backpapier oder Fett für das Blech
Für Füllung und Verzierung:
150 g Kuvertüre
20 g Kokosfett
100 g Orangenmarmelade
2 TL Orangenlikör

🕐 **60 Minuten Arbeitszeit**
10–12 Minuten Backzeit

1 Die Butter mit dem Puderzucker und dem Vanillezucker cremig rühren. Eigelbe dazugeben und schaumig rühren. Mehl mit Kakao vermischen und vorsichtig unter die Creme rühren.

2 Den Backofen auf 200 °C (Umluft 180 °C, Gas Stufe 3–4) einstellen. Ein Blech mit Backpapier auslegen oder einfetten.

3 Den Teig in einen Spritzbeutel oder eine Gebäckspritze mit großer Lochtülle füllen und 4 bis 5 Zentimeter lange Stücke im Abstand von 3 bis 4 Zentimeter auf das Blech spritzen. Die Schokoplätzchen im heißen Ofen auf der mittleren Schiene 10 bis 12 Minuten backen. Auf einem Kuchengitter auskühlen lassen.

4 Inzwischen die Kuvertüre mit dem Kokosfett im Wasserbad schmelzen. Die Orangenmarmelade mit dem Likör verrühren.

5 Die Hälfte der Schokoplätzchen auf der glatten Seite mit der Marmelade bestreichen. Die andere Hälfte der Plätzchen darauf setzen. Die Doppelplätzchen an einer Seite in die Schoko-Orangen-Glasur tauchen und auf einem Kuchengitter trocknen lassen.

Eine Spezialität aus Malta: Schokoladenplätzchen mit einer Füllung aus süßer Orangenmarmelade.

Gut aufzubewahren

Basler Brauns

Für etwa 40 Stück

250 g Mandeln
100 g Schokolade
2 Eier
100 g Zucker
1/2 TL gemahlene Vanille
1/2 TL Zimtpulver
1 Messerspitze gemahlene Nelken
1 Prise Salz
1–2 EL Kirschwasser
2 EL Mehl
Backpapier oder Fett für das Blech

40 Minuten Arbeitszeit
🕒 30 Minuten Ruhezeit
15–20 Minuten Backzeit

Gemahlene Vanille wird durch Vermahlen der ganzen Vanilleschote hergestellt. Sie ist eine preiswerte Alternative zum Mark aus den relativ teuren Vanilleschoten.

1 Die Mandeln und die Schokolade fein reiben oder zusammen im Blitzhacker fein zerkleinern. Die Eier mit 2 Esslöffeln heißem Wasser schaumig schlagen. Den Zucker einrühren und rühren, bis die Masse dickschaumig ist und Rührspuren sichtbar bleiben.

Schokolade lässt sich nicht nur reiben, sondern auch mit einem großen Küchenmesser in Stücke hacken.

2 Mandeln, Schokolade sowie alle übrigen Zutaten auf die Eischaummasse geben und vorsichtig unterheben. Die Masse für 30 Minuten kühl stellen.

3 Den Backofen auf 180 °C (Umluft 160 °C, Gas Stufe 2–3) einstellen und ein Blech mit Backpapier auslegen oder einfetten.

4 Die Masse zu einer Rolle formen und in eine Gebäckspritze oder einen Spritzbeutel füllen. Mit großer Tülle S-Bögen oder Kringel auf das Blech spritzen.

5 Die Plätzchen auf der mittleren Schiene 15 bis 20 Minuten backen und auf einem Kuchengitter auskühlen lassen.

Tipp der Bäckerin

Sie können die Masse auch zwischen Frischhaltefolie auswellen und beliebige Formen ausstechen. Da die Masse etwas klebt, geht jedoch das Spritzen der Formen etwas einfacher.

Schnell zubereitet

Französische Pomeranzennüsse

Für etwa 40 Stück

3 Eier, 200 g Zucker

1 unbehandelte Orange

200 g Orangeat, fein gehackt

50 g Zitronat, fein gehackt

300 g Mehl

Backpapier oder Fett für das Blech

🕐 30 Minuten Arbeitszeit
10 Minuten Backzeit

1 Eier mit dem Zucker cremig rühren. Die Orange heiß abwaschen, trocknen und die Schale dünn abreiben. Orangenschale, Orangeat und Zitronat in die Eicreme rühren. Das Mehl einarbeiten und alles zu einem glatten Teig verkneten.

2 Den Backofen auf 180 °C (Umluft 160 °C, Gas Stufe 2–3) einstellen und ein Blech mit Backpapier auslegen oder einfetten.

3 Vom Teig nussgroße Portionen abnehmen, zu Kugeln formen und auf das Blech legen. Die Pomeranzennüsse im heißen Ofen auf der mittleren Schiene in etwa 10 Minuten goldgelb backen. Auf einem Kuchengitter auskühlen lassen.

Schweizer Traditionsgebäck: Basler Brauns, die gern zum Nachmittagskaffee vernascht werden.

Tipp der Bäckerin

Die Whiskyplätzchen kommen natürlich nicht ohne Whisky aus, die Haferplätzchen können sie jedoch auch ohne Alkohol herstellen: Einfach den Rum durch 6 Tropfen Rum-Backaroma ersetzen.

Anstelle von kandierten Kirschen können Sie für die Whiskyplätzchen auch Orangeat verwenden.

Raffiniertes aus den Highlands: Plätzchen mit kandierten Kirschen und einem Schuss schottischem Whisky.

Ohne Ei

Schottische Haferplätzchen

Für etwa 50 Stück
100 g Butter, 100 g brauner Zucker
200 g feine Haferflocken
50 g Mehl
1 gestrichener TL Backpulver
4 EL Rum
50 g zartbittere Schokoladenplättchen
Backpapier für das Blech

30 Minuten Arbeitszeit
⏱ 30 Minuten Ruhezeit
15–20 Minuten Backzeit

1 Butter in einer Pfanne zerlassen und bei mittlerer Hitze leicht bräunen. Den Zucker einrühren. Die Mischung leicht abkühlen lassen, bis die Masse nicht mehr flüssig ist.

2 Haferflocken mit Mehl und Backpulver vermischen und mit dem Rum und den Schokoladenplättchen unterrühren. Den Teig zu Rollen von etwa 4 Zentimeter Durchmesser formen, mit Frischhaltefolie bedeckt in etwa 30 Minuten im Kühlschrank fest werden lassen.

3 Den Backofen auf 180 °C (Umluft 160 °C, Gas Stufe 2–3) einstellen, ein Blech mit Backpapier auslegen.

4 Von den Teigrollen 5 Millimeter dicke Scheiben abschneiden. Diese auf das Blech legen und auf der mittleren Schiene in 15 bis 20 Minuten hellbraun backen.

Raffiniert

Whiskyplätzchen

Für etwa 50 Stück
180 g Rosinen, 100 ml Whisky
40 g weiche Butter
50 g brauner Zucker
1 Ei, 100 g Mehl
1 gestrichener TL Backpulver
1 TL Zimtpulver
1/4 TL gemahlene Nelken
1/4 TL gemahlene Muskatblüte
Backpapier für das Blech
200 g Walnüsse
200 g kandierte Kirschen

40 Minuten Arbeitszeit
⏱ 2–3 Stunden zum Durchziehen
10–15 Minuten Backzeit

1 Rosinen mit dem Whisky übergießen und 2 bis 3 Stunden oder über Nacht ziehen lassen.

2 Butter mit Zucker und Ei cremig rühren. Mehl, Backpulver, Zimt, Nelken und Muskat auf die Crememasse geben. Den Backofen auf 200 °C (Umluft 180 °C, Gas Stufe 3–4) einstellen. Ein Blech mit Backpapier auslegen.

3 Nüsse und kandierte Kirschen grob hacken, mit den Rosinen und dem Whisky zu den anderen Zutaten geben. Alles vermischen.

4 Mit zwei Teelöffeln kleine Teigportionen auf das Blech setzen. Die Plätzchen auf der mittleren Schiene 10 bis 15 Minuten backen.

Schnell zubereitet

Russische Weihnachtsschnitten

Für etwa 50 Stück
80 g Mandeln
200 g weiche Butter
175 g Zucker
6 Eigelbe, 200 g Mehl
Backpapier oder Fett für das Blech
6 Eiweiß, 1 Prise Salz
Zum Bestreuen:
50 g Hagelzucker
100 g Mandelblättchen

🕐 **30 Minuten Arbeitszeit**
15–20 Minuten Backzeit

1 Die Mandeln mit kochendem Wasser überbrühen, einige Minuten ziehen lassen. Dann die Mandelkerne aus dem Häutchen drücken, trocknen lassen und fein reiben oder im Blitzhacker fein zerkleinern.

2 Die Butter mit dem Zucker cremig rühren. Die Eigelbe einrühren. Das Mehl nach und nach dazugeben und einrühren.

3 Den Backofen auf 200 °C (Umluft 180 °C, Gas Stufe 3–4) einstellen. Ein Blech mit Backpapier auslegen oder einfetten.

4 Eiweiß mit Salz steif schlagen und mit einem Schneebesen vorsichtig unter den Teig heben. Diesen gleichmäßig auf das Blech streichen und mit dem Hagelzucker und den Mandelblättchen bestreuen.

5 Die Teigplatte im heißen Ofen auf der mittleren Schiene in 15 bis 20 Minuten goldgelb backen. Den gebackenen Teig kurz abkühlen lassen, dann in Stücke schneiden und auskühlen lassen.

Tipp der Bäckerin

Die gebackene Teigplatte sollte zum Schneiden noch warm sein, sonst bricht der Teig. Nehmen Sie ein großes scharfes Messer, und schneiden Sie beliebige Formen, etwa Rauten (sich kreuzende diagonale Schnitte), Dreiecke (die Rauten nochmals in der Mitte geteilt) oder auch kleine Quadrate oder schmale Stangen.

Für die Plätzchenküche ist Butter die Fettzutat mit dem besten Aroma. Wer jedoch beispielsweise aus diätetischen Gründen lieber Margarine verwendet: Backtechnisch ist dagegen nichts einzuwenden.

Zwei klassische Zutaten zum Bestreuen und Verzieren von Plätzchen und Kleingebäck sind Hagelzucker und Mandelblättchen.

Gelingt leicht

Dänische Julküchlein

Für etwa 40 Stück
200 g weiche Butter
100 g Zucker
1 Ei
1 Prise Salz
300 g Mehl
1 gestrichener TL Backpulver
Zum Dekorieren:
50 g Mandeln
3 TL Zimtpulver
3 TL Zucker (am besten Hagelzucker)
1 Eiweiß
Backpapier für das Blech
Mehl oder Frischhaltefolie für die
Arbeitsfläche

  30 Minuten Arbeitszeit
🕐 2–3 Stunden Ruhezeit
  10 Minuten Backzeit

1 Die Butter mit dem Zucker cremig rühren. Ei und Salz einrühren. Das Mehl mit dem Backpulver mischen. Die Hälfte des Mehls in die Buttercreme einrühren, den Rest unterkneten. Den Teig in zwei Portionen teilen, in Frischhaltefolie wickeln und für 2 bis 3 Stunden kühl stellen.

2 Die Mandeln mit kochendem Wasser überbrühen, einige Minuten ziehen lassen. Dann die Mandelkerne aus dem Häutchen drücken, trocknen lassen und grob hacken.

3 Zimt und Zucker mischen. Eiweiß mit einer Gabel leicht verschlagen.

4 Den Backofen auf 200 °C (Umluft 180 °C, Gas Stufe 3–4) einstellen. Ein Blech mit Backpapier auslegen.

5 Den Teig auf einer mit wenig Mehl bestäubten Arbeitsfläche oder auf Frischhaltefolie 3 bis 5 Millimeter dick auswellen und runde Plätzchen ausstechen. Die Plätzchen mit dem Eiweiß bestreichen und mit den Mandeln und dem Zimtzucker bestreuen. Die Julküchlein im heißen Ofen auf der mittleren Schiene etwa 10 Minuten backen.

Für viele feine Plätzchen ist es wichtig, die Mandeln zu häuten, damit sie nicht zu bitter schmecken.

Tipp der Bäckerin

Alternativ können Sie die Julküchlein unbestrichen und unbestreut backen und dann mit einer Glasur aus 125 Gramm Puderzucker, mit 1 bis 2 Teelöffeln Orangensaft verrührt, bestreichen. Die gehackten Mandeln leicht rösten und mit dem Zimtzucker aufstreuen.

Es gibt im Handel eine Vielfalt von braunen Zuckern, die sich in Farbe und Konsistenz unterscheiden. Für dieses Rezept sollten Sie eine der in der Karibik gebräuchlichen Zuckerarten, entweder den dunklen Barbados- oder den etwas helleren Demerara-Zucker, verwenden. Beides sind sehr feuchte Rohrzucker, die nicht so stark raffiniert sind und damit noch einen Anteil an malzig schmeckender Melasse enthalten.

Mokkaschokolade in Form von Kaffeebohnen findet ausschließlich als Garnitur Verwendung.

Raffiniert

Javaplätzchen

Für etwa 50 Stück

150 g weiche Butter
100 g brauner Zucker
1 Päckchen Vanillezucker
1 Prise Salz
1 Ei
2 EL Instant-Cappuccinopulver
1 EL Rum
200 g Mehl
1 gestrichener TL Backpulver
125 g Kokosflocken
Backpapier oder Fett für das Blech
Für die Glasur:
100 g Puderzucker
1–2 EL Rum
100 g Mokkabohnen

🕐 **30 Minuten Arbeitszeit**
10–12 Minuten Backzeit

1 Die Butter mit Zucker und Vanillezucker mit dem Handrührer cremig rühren. Salz, Ei, Kaffeepulver und Rum einrühren.

2 Das Mehl mit Backpulver und Kokosflocken vermischen und löffelweise in die Creme einrühren.

3 Den Backofen auf 200 °C (Umluft 180 °C, Gas Stufe 3–4) einstellen. Ein Blech mit Backpapier auslegen oder einfetten.

4 Aus dem Teig etwa daumendicke Rollen formen und davon walnussgroße Portionen abschneiden. Diese zu Kugeln formen und leicht flach drücken.

5 Die Kugeln im Abstand von 2 bis 3 Zentimetern auf das Blech setzen und die Javaplätzchen im heißen Ofen auf der mittleren Schiene 10 bis 12 Minuten backen.

6 Die Plätzchen auf ein Kuchengitter setzen. Für die Glasur den Puderzucker mit dem Rum verrühren. Die Javaplätzchen damit bestreichen, je 1 Mokkabohne in die Mitte setzen und die Glasur trocknen lassen.

Tipp der Bäckerin

Alternativ können Sie die Plätzchen auch mit einer Kaffeeglasur bestreichen. Dafür einfach den Rum durch starken Kaffee ersetzen. Nach Belieben die Plätzchen dann mit Kokosraspeln bestreuen, statt Mokkabohnen darauf zu setzen.

Ohne Ei

Karibische Vanilleplätzchen

Für etwa 40 Stück

250 g weiche Butter
100 g brauner Zucker
1 Päckchen Vanillezucker
1 Vanilleschote
(ersatzweise 1 TL gemahlene Vanille)
1 Prise Salz
300 g Mehl
Backpapier oder Fett für das Blech

25 Minuten Arbeitszeit
🕐 60 Minuten Kühlzeit
10–15 Minuten Backzeit

1 Die Butter mit Zucker und Vanillezucker mit dem Handrührer cremig rühren. Die Vanilleschote aufschneiden und das Mark mit einem Messer herauskratzen; mit dem Salz in die Crememasse geben.

2 Das Mehl einarbeiten, den Teig etwa 30 Minuten kühlen, dann eine etwa 4 Zentimeter dicke Rolle formen und den Teig zugedeckt nochmals 30 Minuten in den Kühlschrank stellen.

3 Den Backofen auf 200 °C (Umluft 180 °C, Gas Stufe 3–4) einstellen. Ein Blech mit Backpapier auslegen oder einfetten.

4 Von der Teigrolle mit einem scharfen Messer 5 Millimeter dicke Scheiben abschneiden und die Plätzchen mit 2 bis 3 Zentimeter Abstand auf das Blech legen.

5 Die Vanilleplätzchen auf der mittleren Schiene in 10 bis 15 Minuten goldbraun backen und auf einem Kuchengitter auskühlen lassen.

Brauner Zucker wird aus Zuckerrohr hergestellt. Er ist ungereinigt, mehr oder weniger raffiniert und würzig-klebrig.

Tipps der Bäckerin

Nach Belieben können Sie die Plätzchen vor dem Backen mit gehackten Nüssen, Krokant oder Streuseln bestreuen. Am besten die Plätzchen mit etwas Milch oder Eigelb bestreichen, damit die Dekoration gut haftet. Diese Plätzchen können Sie auch mit weißem Zucker zubereiten. Bei braunem Zucker sollten Sie jedoch Zucker mit nicht zu starkem Eigengeschmack, am besten braune Raffinade (gibt's im Supermarkt) verwenden, um das Vanillearoma nicht zu übertönen.

Dekorativ

Amerikanische Walnusstaler

Für etwa 40 Stück

250 g weiche Butter

120 g Zucker

1 Päckchen Vanillezucker

1 Prise Salz

1 Ei

75 g Speisestärke

200 g Mehl

Backpapier für das Blech

40 Walnusshälften (etwa 150 g) zum Verzieren

Für die Glasur:

1 Eiweiß

1 TL Zitronensaft

150 g Puderzucker

Wenn Sie keine Garnierspritze haben, können Sie die Zuckerglasur auch in einen Gefrierbeutel füllen, eine untere Ecke abschneiden und die Tüte als Spritzbeutel benutzen.

30 Minuten Arbeitszeit

60 Minuten Ruhezeit

12–15 Minuten Backzeit

Echten Vanillezucker erhält man, wenn man eine Mischung aus reinem Weißzucker und 10 Prozent fein verriebenem Vanillemark herstellt.

1 Die Butter mit Zucker und Vanillezucker cremig rühren. Salz, Ei, Speisestärke und Mehl einarbeiten. Den Teig etwa 30 Minuten kühlen, dann zu einer 4 Zentimeter dicken Rolle formen und zugedeckt für noch 30 Minuten kühl stellen.

2 Den Backofen auf 200 °C (Umluft 180 °C, Gas Stufe 3–4) einstellen. Ein Blech mit Backpapier auslegen.

3 Aus dem Teig etwa 1 Zentimeter dicke Scheiben schneiden und auf das Blech legen. Auf jedes Plätzchen 1 Walnusshälfte drücken und die Plätzchen auf der mittleren Schiene 12 bis 15 Minuten backen. Die Plätzchen auf ein Kuchengitter geben und auskühlen lassen.

4 Für die Glasur Eiweiß mit Zitronensaft steif schlagen. Den Zucker nach und nach einrühren. Die Zuckerglasur in eine Garnierspritze füllen und damit jeweils einen Zuckerring um die Nüsse spritzen. Die Glasur trocknen lassen.

Tipps der Bäckerin

Nach Belieben können Sie die Zuckerglasur auch, wie in Amerika sehr beliebt, mit Lebensmittelfarbe in Pastelltönen einfärben. Verzieren Sie die Walnusstaler doch auch einmal mit Rumglasur: Dafür 125 Gramm Puderzucker mit 1 bis 2 Esslöffeln Rum glatt rühren und wie die Zitronenglasur verwenden.

Gut aufzubewahren

Nuss-Cookies

Für etwa 30 Stück

80 g beliebige Nüsse

80 g Vollmilch- oder
Zartbitterschokolade oder
Schokoladenplättchen

100 g weiche Butter

60 g brauner Zucker

1 Päckchen Vanillezucker

1 Prise Salz

1 Ei

100 g Mehl

1/2 TL Backpulver

Backpapier oder Fett für das Blech
oder 30 Papierbackförmchen

🕐 **35 Minuten Arbeitszeit
10–12 Minuten Backzeit**

1 Die Nüsse und die Schokolade am
Stück, falls verwendet, mit einem
Messer grob hacken. Butter mit
Zucker und Vanillezucker cremig
rühren. Salz und Ei einrühren.

2 Mehl mit dem Backpulver vermischen und löffelweise in die Creme
einrühren. Schokolade und Nüsse
unterziehen.

3 Den Backofen auf 200 °C (Umluft
180 °C, Gas Stufe 3–4) einstellen.
Ein Blech mit Backpapier auslegen
oder einfetten bzw. die Papierbackförmchen auf das Blech setzen.

4 Aus dem Teig mit zwei Teelöffeln
etwa walnussgroße Portionen im
Abstand von 2 bis 3 Zentimetern auf
das Blech oder in die Papierbackförmchen setzen.

5 Die Nuss-Cookies im heißen Ofen
auf der mittleren Schiene 10 bis
12 Minuten backen. Die Cookies
zum Auskühlen auf ein Kuchengitter
legen.

Die Cookies können
auch gut als Diabetiker-
gebäck hergestellt wer-
den: Einfach normalen
Zucker und Schokolade
durch Diabetiker-
produkte ersetzen.

*Ein Doppelklingen-
Wiegemesser leistet
beim Hacken von Nüssen
gute Dienste.*

Schnell und einfach

Mit diesen Plätzchenrezepten können Sie auch ohne große Planung im Voraus Gäste überraschen oder Gastgeber beschenken. Am besten Sie legen sich einen Vorrat der in diesem Kapitel zusätzlich zu den gebräuchlichen Backzutaten benötigten Dinge zu: Dazu gehören beispielsweise kandierter Ingwer, Erdnüsse, Kokosraspel, Kardamom, Amaretto, Instant-Cappuccinopulver, Tiefkühlblätterteig und Backförmchen. So können Sie jedes beliebige der hier vorgestellten Rezepte »just in time« backen.

Beliebter Klassiker

Florentiner

Gut aufzubewahren

Ingwerplätzchen

Tipp der Bäckerin

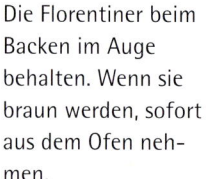

Die Florentiner beim Backen im Auge behalten. Wenn sie braun werden, sofort aus dem Ofen nehmen.

Für etwa 50 Stück

je 50 g Orangeat und Zitronat

30 g Butter, 200 g Sahne

50 g Zucker

150 g Mandelblättchen

1/2 TL gemahlene Vanille

50 g Mehl

Backpapier für das Blech

100 g Schokoglasur zum Verzieren

🕐 30 Minuten Arbeitszeit
5–10 Minuten Backzeit

1 Orangeat und Zitronat fein würfeln. In einem Topf die Butter zerlassen. Sahne und Zucker dazugeben und unter Rühren aufkochen.

2 Mandeln, Vanille, Orangeat und Zitronat dazugeben und 3 bis 4 Minuten bei kleiner Hitze kochen lassen. Das Mehl darüber stäuben und unterrühren.

3 Den Backofen auf 220 °C (Umluft 200 °C, Gas Stufe 4–5) einstellen und ein Blech mit Backpapier auslegen. Mit zwei Teelöffeln kleine Häufchen mit etwa 5 Zentimeter Abstand auf das Blech setzen und flach streichen.

4 Die Florentiner auf der mittleren Schiene im Backofen 5 bis 10 Minuten backen. Auf einem Kuchengitter auskühlen lassen. Die Glasur schmelzen und die Unterseite der Plätzchen damit bestreichen.

Die Ingwerplätzchen können auch auf einem mit Backpapier ausgelegten oder eingefetteten Blech gebacken werden. Dabei aber etwa 5 Zentimeter Abstand lassen, da die Plätzchen etwas auseinander laufen.

Die Ingwerplätzchen werden gleich in ihrer Verpackung gebacken.

Für etwa 50 Stück

175 g weiche Butter, 150 g Zucker

1 Päckchen Vanillezucker

3 Eier, 150 g Speisestärke

75 g Mehl, 1/2 TL Backpulver

80 g kandierter Ingwer

1 Prise gemahlener Kardamom

50 kleine Papierbackförmchen

🕐 20 Minuten Arbeitszeit
15–20 Minuten Backzeit

1 Butter mit Zucker, Vanillezucker, Eiern, Speisestärke, Mehl und Backpulver in eine Schüssel geben und mit den Knethaken des Handrührers zu einem glatten Teig verrühren.

2 Den Ingwer fein hacken und mit dem Kardamom unter den Teig rühren.

3 Den Backofen auf 200 °C (Umluft 180 °C, Gas Stufe 3–4) einstellen. Die Papierbackförmchen auf ein Blech stellen und zur Hälfte mit Teig füllen. Die Ingwerplätzchen auf der mittleren Schiene 15 bis 20 Minuten backen.

Tipp der Bäckerin

Wer möchte, löst die abgekühlten Ingwerplätzchen aus den Förmchen und überzieht sie mit feinen Streifen von geschmolzener Schokolade.

Erdnuss-Ingwer-Plätzchen

Ingwer mit seinem würzig scharfen Geschmack ist wohltuend für Magen und Darm und speziell auch gut gegen Reiseübelkeit. Warum nicht ein paar dieser Plätzchen im Reisegepäck haben?

Für etwa 40 Stück

60 g kandierter Ingwer (Reformhaus oder Naturkostladen)

100 g ungesalzene Erdnüsse

200 g Mehl

80 g Zucker

1 Prise Salz

1 Prise Zimtpulver

2 Eier

125 g weiche Butter

Backpapier oder Fett für das Blech

Noch besser schmecken selbst gemachte, frische Kokosraspel.

🕐 20 Minuten Arbeitszeit
15 Minuten Backzeit

1 Den Ingwer fein würfeln. Die Erdnüsse grob hacken. Mehl, Zucker, Salz, Zimt, Eier und Butter zu einem glatten Teig verkneten. Ingwer und Erdnüsse einrühren.

2 Den Backofen auf 200 °C (Umluft 180 °C, Gas Stufe 3–4) einstellen und ein Blech mit Backpapier auslegen oder einfetten.

Geröstete Erdnüsse müssen aus der Schale und aus den dunkelroten Häutchen gelöst werden.

3 Mit zwei Teelöffeln walnussgroße Portionen auf das Blech setzen und die Plätzchen auf der mittleren Schiene etwa 15 Minuten backen.

Kokosplätzchen

Für etwa 80 Stück

250 g Mehl

1/2 TL Backpulver

200 g Zucker

1 Päckchen Vanillezucker

250 g Kokosraspel

6 Tropfen Bittermandel-Backaroma

1 Ei

250 g weiche Butter

Backpapier oder Fett für das Blech

Für die Glasur:

200 g Puderzucker

1–2 EL Zitronensaft

🕐 30 Minuten Arbeitszeit
40 Minuten Ruhezeit
10 Minuten Backzeit

1 Das Mehl mit Backpulver, Zucker, Vanillezucker und den Kokosraspeln

vermischen. Bittermandel-Backaroma und Ei einrühren. Butter in Stückchen auf die Zutaten geben und alles rasch zu einem glatten Teig verkneten.

2 Den Teig zu 3 bis 4 Zentimeter dicken Rollen formen und diese zugedeckt für mindestens 40 Minuten kühl stellen.

3 Den Backofen auf 200 °C (Umluft 180 °C, Gas Stufe 3–4) einstellen. Das Blech mit Backpapier auslegen oder einfetten.

4 Von den Teigrollen 6 bis 7 Zentimeter dicke Scheiben abschneiden, diese auf das Blech setzen und im heißen Backofen auf der mittleren Schiene in etwa 10 Minuten goldgelb backen.

5 Die Plätzchen auf einem Kuchengitter abkühlen lassen. Für die Glasur Puderzucker mit Zitronensaft verrühren und die Plätzchen damit bestreichen.

Dekorativ

Mandelkugeln

Für etwa 60 Stück
400 g Mandeln
1 unbehandelte Zitrone
Backpapier oder Fett für das Blech
2 Eier, 100 g Zucker
1 Päckchen Vanillezucker
2 EL Mandellikör (Amaretto)
4 EL Mandelblättchen oder gehackte Mandeln zum Verzieren

🕐 **20 Minuten Arbeitszeit
20–25 Minuten Backzeit**

1 Die Mandeln fein reiben oder im Blitzhacker fein zerkleinern. Die Zitrone heiß abwaschen, trocknen und die Schale abreiben.

2 Den Backofen auf 160 °C (Umluft 140 °C, Gas Stufe 1–2) einstellen und ein Blech mit Backpapier auslegen oder einfetten.

3 Eier mit Zucker, Vanillezucker und Zitronenschale cremig rühren. Geriebene Mandeln und Amaretto unterziehen. Aus dem Teig walnussgroße Kugeln formen, in den Mandelblättchen oder den gehackten Mandeln wälzen und auf das Blech setzen.

4 Die Mandelkugeln auf der mittleren Schiene in 20 bis 25 Minuten goldbraun backen. Die Kugeln auf einem Kuchengitter auskühlen lassen.

Tipp der Bäckerin

Die Mandelkugeln lassen sich einfach variieren: Statt den Teig zu Kugeln zu formen, ihn dick ausrollen und kleine Plätzchen ausstechen. Die gebackenen Plätzchen mit einer Glasur aus 125 Gramm Puderzucker, der mit 1 bis 2 Esslöffeln Amaretto verrührt wurde, bestreichen.

Eier sollten Sie immer im Kühlschrank aufbewahren.

Tipp der Bäckerin

Sehr dekorativ sehen noch zusätzlich gehackte Pistazienkerne auf der Kuvertüre aus.

Das säuerliche Weinsteinbackpulver sorgt dafür, dass die Nuss-Schoko-Plätzchen beim Backen schön aufgehen.

Fein zum Kaffee

Nuss-Schoko-Plätzchen

Für etwa 50 Stück

50 g Zartbitterschokolade oder Schokoplättchen
100 g Haselnüsse oder Mandeln
1 unbehandelte Zitrone
250 g Mehl
1/2 TL (Weinstein-)Backpulver
100 g Zucker
1 Päckchen Vanillezucker
1 Prise Salz
1 Ei
4 EL Sahne
150 g Butter
Backpapier oder Fett für das Blech
100 g helle oder dunkle Schokoglasur zum Verzieren

40 Minuten Arbeitszeit
🕐 30 Minuten Ruhezeit
10–15 Minuten Backzeit

1 Die Schokolade reiben. Haselnüsse oder Mandeln reiben, fein hacken oder im Blitzhacker zerkleinern. Die Zitrone heiß abwaschen, trocknen, die Schale in eine Rührschüssel reiben.

2 In die Schüssel Schokolade, Nüsse, Mehl, Backpulver, Zucker, Vanillezucker und Salz geben und alles vermischen. Das Ei und die Sahne dazugeben.

3 Die Butter in Stückchen auf die Teigmischung setzen. Alles zu einem geschmeidigen Teig verarbeiten.

4 Den Teig zu 3 bis 4 Zentimeter dicken Rollen formen und diese zugedeckt für 30 Minuten in den Kühlschrank stellen. Den Backofen auf 200 °C (Umluft 180 °C, Gas Stufe 3–4) einstellen. Ein Blech mit Backpapier auslegen oder einfetten.

5 Von den Teigrollen 6 bis 8 Millimeter dicke Scheiben abschneiden. Diese mit 1 Zentimeter Abstand auf das Blech legen und mit den Zinken einer Gabel leicht flach drücken. Die Plätzchen auf der mittleren Schiene 10 bis 15 Minuten backen, aus dem Ofen nehmen und auf dem Blech leicht abkühlen lassen.

6 Die Glasur im heißen Wasserbad schmelzen, die Plätzchen teilweise eintauchen. Auf Pergamentpapier oder dem Kuchengitter auskühlen und trocknen lassen.

Ohne Ei

Cappuccinoplätzchen

Die Cappuccino-plätzchen schmecken auch mit einer Glasur aus mit etwas Espresso verrührtem Puder-zucker sehr lecker.

Für etwa 50 Stück

100 g Haselnüsse oder Mandeln
200 g Mehl
80 g Zucker
80 g Instant-Cappuccinopulver
125 g weiche Butter
2 EL Amaretto oder Rum
Backpapier für das Blech
1–2 EL Schokostreusel zum Verzieren

15 Minuten Arbeitszeit
🕐 30 Minuten Ruhezeit
10–12 Minuten Backzeit

1 Die Nüsse oder Mandeln fein reiben oder im Blitzhacker fein zerkleinern, mit Mehl, Zucker und Cappuccinopulver vermischen.

Für Knetteige wird die Butter in Stückchen – hier sind es Röllchen – unter das Mehl gearbeitet.

2 Die Butter in Stückchen auf die Mehlmischung geben. Amaretto oder Rum dazugeben. Alles zu einem glatten Teig verkneten. Den Teig zu einer 3 bis 4 Zentimeter dicken Rolle formen und für 30 Minuten kühl stellen.

3 Den Backofen auf 180 °C (Umluft 160 °C, Gas Stufe 2–3) einstellen. Ein Blech mit Backpapier auslegen.

4 Von den Teigrollen 5 Millimeter dicke Scheiben abschneiden und mit 1 Zentimeter Abstand auf das Blech setzen. Die Schokostreusel darüber streuen. Die Plätzchen auf der mittleren Schiene in 10 bis 12 Minuten nicht zu dunkel backen.

Tipp der Bäckerin

Wer auf Alkohol verzichten möchte, ersetzt den Amaretto oder Rum durch 2 Esslöffel Kaffee und einige Tropfen Bittermandel- oder Rum-Backaroma.

Gut aufzubewahren

Knusprige Mandelschnitten

Für etwa 50 Stück
Für den Teig:
100 g weiche Butter
1 Ei
80 g Zucker
100 g Mehl
Backpapier oder Fett für das Blech
Für den Belag:
1 Ei
50 g Mandelstifte oder -blättchen
4 EL Hagelzucker

🕐 30 Minuten Arbeitszeit
10–12 Minuten Backzeit

1 Die Butter mit Ei und Zucker verrühren. Das Mehl untermischen.

2 Den Backofen auf 180 °C (Umluft
160 °C, Gas Stufe 2–3) einstellen
und ein Blech mit Backpapier auslegen oder einfetten.

3 Den Teig dünn auf das Blech
streichen. Für den Belag das Ei verquirlen und mit einem Pinsel auf die
Teigplatte streichen. Die Teigplatte
mit den Mandeln und dem Hagelzucker bestreuen.

4 Die Teigplatte auf der mittleren
Schiene in 10 bis 12 Minuten goldgelb und knusprig backen. Noch

warm in kleine Rechtecke schneiden, dabei das Messer von oben eindrücken, damit die Mandeln nicht
absplittern.

5 Die Mandelschnitten auf einem
Kuchengitter abkühlen lassen.

Tipps der Bäckerin

Zum Aufstreichen des Teigs auf das
Backblech eignet sich am besten ein
Teigschaber.
Zur Abwechslung können Sie die
Teigplatte auch mit Schokostreuseln
oder Krokant bestreuen.

*Die Mandelstifte an
der Oberfläche machen
die Mandelschnitten so
schön knackig.*

Wenn man die zerklei-
nerten Mandeln zusam-
men mit den Haselnüs-
sen, bevor man beides
zum Teig gibt, in einer
trockenen Pfanne kurz
unter Wenden anröstet,
bis sie duften, bekom-
men die Kekse ein sehr
feines Aroma.

Ohne Ei

Mandel-Hafer-Kekse

Für etwa 40 Stück

100 g weiche Butter
80–100 g Zucker
1/2 TL gemahlene Vanille
1 Prise Salz
2 EL Sahne oder Milch
2 EL Mandellikör (Amaretto)
25 g Mandeln
100 g feine Haferflocken
100 g Mehl
Backpapier oder Fett für das Blech
3 EL Sahne zum Bestreichen
50 Mandeln (etwa 50 g)
zum Belegen

30 Minuten Arbeitszeit
🕐 30 Minuten Ruhezeit
12–15 Minuten Backzeit

*Für nussig-kernige
Plätzchen brauchen die
Mandeln vor dem Mah-
len nicht gehäutet zu
werden.*

1 Die Butter mit Zucker, Vanille, Salz, Sahne oder Milch und dem Amaretto mit dem Handrührer cremig rühren. Die 25 Gramm Mandeln für den Teig reiben oder im Blitzhacker fein zerkleinern. Mandeln, Haferflocken und Mehl zur Buttercreme geben und unterkneten.

2 Aus der Masse zwei Rollen von 2 bis 3 Zentimeter Durchmesser formen, auf ein Brettchen legen, mit Frischhaltefolie abdecken und für 30 Minuten im Kühlschrank ruhen lassen.

3 Den Backofen auf 180 °C (Umluft 160 °C, Gas Stufe 2–3) einstellen und ein Blech mit Backpapier auslegen oder einfetten.

4 Die Teigrollen aus dem Kühlschrank nehmen und davon mit einem scharfen Messer 5 bis 6 Millimeter dicke Scheiben abschneiden. Die Teigscheiben im Abstand von etwa 2 Zentimetern auf das Backblech legen.

5 Die Teigscheiben mit der Sahne bestreichen, jeweils 1 Mandel in die Mitte der Plätzchen setzen und leicht andrücken.

6 Die Kekse im heißen Backofen auf der mittleren Schiene 12 bis 15 Minuten backen, bis die Ränder leicht zu bräunen beginnen. Auf einem Kuchengitter auskühlen lassen.

Beliebter Klassiker

Zarte Kekse

Für etwa 80 Stück

125 g Mehl
125 g Kartoffelmehl
100 g Zucker
1 Päckchen Vanillezucker
1 Prise Salz
1 Ei
2 EL Sahne
60 g Butter
Backpapier für das Blech
Mehl oder Frischhaltefolie für
die Arbeitsfläche

40 Minuten Arbeitszeit
🕐 30–60 Minuten Ruhezeit
10–12 Minuten Backzeit

1 Mehl mit Kartoffelmehl, Zucker,
Vanillezucker und Salz vermischen.
Das Ei mit der Sahne verquirlen und
einrühren.

2 Die Butter in Stückchen auf die
Teigmischung setzen und alles rasch
zu einem glatten Teig verkneten.
Den Teig zu einer Rolle formen und
zugedeckt für 30 bis 60 Minuten
kühl stellen.

3 Den Backofen auf 180 °C (Umluft
160 °C, Gas Stufe 2–3) einstellen
und ein Blech mit Backpapier auslegen.

4 Den Teig auf einer bemehlten
Arbeitsfläche oder zwischen zwei
Lagen Frischhaltefolie zu einer 3 bis
5 Millimeter dicken Teigplatte aus-

wellen. Den Teigbo-
den mit einer Pa-
lette vom Un-
tergrund
trennen.

5 Mit Plätz-
chenaussste-
chern eckige oder
runde Formen aussste-
chen. Mit einer Gabel ein-
oder zweimal in jedes Teigstück
stechen, damit sich der Teig beim
Backen nicht wölbt.

6 Die Kekse dicht nebeneinander
auf das Blech setzen und im heißen
Ofen auf der mittleren Schiene in
10 bis 12 Minuten goldgelb backen.
Die Kekse auf einem Kuchengitter
auskühlen lassen.

Tipps der Bäckerin

Diese knusprigen Kekse schmecken
zu vielen Gelegenheiten. Ein weiteres
Plus: Da sie sehr wenig Fett enthalten, können sie auch während einer
Schlankheitsdiät gegessen werden.
Wer ein bisschen Farbe auf den
Keksteller bringen will, bestreicht einen Teil der zarten Kekse mit roter
Glasur: Dafür 125 Gramm Puderzucker mit 1 bis 2 Esslöffeln rotem
Saft, beispielsweise rotem Trauben-
saft, Himbeersaft oder Johannisbeer-
saft, bestreichen. Die glasierten Kekse sollten nicht lange und vor allem
nicht dicht verschlossen gelagert
werden, sonst weichen sie durch.

*Wenn Sie
kein Backpa-
pier zur Hand ha-
ben, können Sie das
Backblech auch dünn
mit Butter einfetten –
am einfachsten mit
einem Backpinsel.*

Diese zarten Kekse wer-
den im Schwäbischen
»Albertle« genannt.

Das Kartoffelmehl in
diesem Rezept bewirkt,
dass die Kekse beim
Backen sehr feinporig
werden. Mit normalem
Mehl allein würden sie
zu brüchig.

Dekorativ

Walnussstangen

Für etwa 50 Stück

150 g Walnüsse
50 g feine Haferflocken
1 unbehandelte Zitrone
2 Eiweiß
1 Prise Salz
80–100 g Zucker
1 Päckchen Vanillezucker
1/4 TL Zimtpulver
Backpapier oder Fett für das Blech
100 g Schokoglasur zum Verzieren

🕐 **30 Minuten Arbeitszeit**
12–15 Minuten Backzeit

Verwenden Sie am besten frisch aus der Schale gebrochene Walnusskerne. Bereits geschält gekaufte Kerne sind oft nicht mehr frisch und können dann ranzig schmecken.

Wer viel backt und gerne garniert, sollte sich einen Spritzbeutel mit mehreren Aufsätzen leisten. Damit lassen sich die Walnussstangen besonders hübsch verzieren.

1 Die Walnüsse fein reiben oder im Blitzhacker fein zerkleinern. Die Haferflocken in einer Pfanne trocken rösten, auf einen Teller geben und abkühlen lassen.

2 Die Zitrone heiß abwaschen, trocknen, die Hälfte der Schale abreiben, 1 Esslöffel Saft auspressen.

3 Eiweiß mit dem Salz und Zitronensaft steif schlagen. Zucker und Vanillezucker dazugeben und weiterschlagen, bis die Masse schnittfest ist.

4 Nüsse, Zimt, Haferflocken und abgeriebene Zitronenschale auf die Schaummasse geben und vorsichtig unterheben. Backofen auf 140 °C (Umluft 120 °C, Gas Stufe 1) einstellen und ein Blech mit Backpapier auslegen oder einfetten.

5 Die Masse in einen Spritzbeutel oder eine Gebäckspritze mit großer Sterntülle füllen und etwa 5 Zentimeter lange Stangen auf das Blech spritzen. Die Walnussstangen auf der mittleren Schiene 12 bis 15 Minuten backen.

6 Die Schokoglasur in heißem Wasserbad flüssig werden lassen. Etwas Glasur in eine Tüte aus Pergamentpapier oder in einen Gefrierbeutel füllen.

7 Die Spitze der Tüte abschneiden und die flüssige Schokolade in dünnem Strahl im Zickzack über die Walnussstangen laufen lassen. Die Schokolade fest werden lassen. Dann die Stangen vorsichtig vom Papier oder Blech lösen.

Tipp der Bäckerin

Variieren Sie dieses Rezept mit Haselnüssen oder Mandeln statt der Walnüsse, und anstelle von Zitronensaft schmeckt auch Amaretto oder Rosenwasser sehr gut. Besonders raffiniert schmecken die Walnussstangen, wenn Sie die Zitrone durch fein gehackte Ingwerwurzel ersetzen.

Ohne Ei

Haselnussmonde

Für etwa 60 Stück
150 g Haselnüsse
120–150 g Zucker
150 g Mehl
150 g kalte Butter
Backpapier oder Fett für
das Blech
Mehl für die Arbeitsfläche

🕐 30 Minuten Arbeitszeit
60 Minuten Ruhezeit
12–15 Minuten Backzeit

Die Plätzchenmonde schmecken besonders fein, wenn sie mit Mandeln zubereitet werden.

1 Die Haselnüsse fein reiben oder im Blitzhacker fein zerkleinern. Zucker und Mehl dazugeben und untermischen.

2 Die Butter in Flöckchen auf die Nuss-Mehl-Mischung setzen und alles zügig zu einem glatten Teig verkneten. Den Teig in Frischhaltefolie gewickelt für etwa 60 Minuten kühl stellen.

3 Den Backofen auf 180 °C (Umluft 160 °C, Gas Stufe 2–3) einstellen und ein Blech mit Backpapier auslegen oder einfetten.

4 Den Teig auf die leicht bemehlte Arbeitsfläche legen, ein Stück Frischhaltefolie darauf legen und den Teig etwa 5 Millimeter dick auswellen.

5 Den Teig mit einer Palette von der Arbeitsfläche lösen und die Folie abziehen. Mit einer halbmondförmigen Ausstechform dicht an dicht Plätzchen ausstechen.

6 Die Haselnussmonde auf das Blech setzen und auf der mittleren Schiene 12 bis 15 Minuten backen, auf einem Kuchengitter auskühlen lassen.

Tipps der Bäckerin

Wenn Sie keine Mond-Ausstechform haben, können Sie die Halbmonde auch mit einem kleinen Glas ausstechen: Eine waagerechte Reihe Kreise dicht an dicht ausstechen, darunter eine zweite Reihe ausstechen, wobei diese Kreise die oberen jeweils zur Hälfte überlappen. Es entstehen pro Doppelkreis jeweils zwei Halbmonde und ein mandelförmiges Innenstück. Die Monde auf das Blech setzen und backen. Die mandelförmigen Reste inzwischen nochmals rasch verkneten und kalt stellen. Die gekühlten Teigreste dann wieder ausrollen und auf dieselbe Weise Monde ausstechen und backen.

Sie können aus dem Teig auch einfach Kugeln formen und in die Mitte eine ganze Haselnuss drücken oder ein Loch in die Mitte drücken und mit etwas Marmelade füllen.

Der Nussmürbeteig hat nach diesem Rezept eine wunderbar zarte Konsistenz. Er kann mit bis zur doppelten Mehlmenge zubereitet werden, ist dann stabiler, dafür aber nicht mehr so fein.

Schnell zubereitet

Schweinsöhrchen .

Für 16 Stück
1 Packung tiefgekühlter
Blätterteig (300–400 g)
100 g Hagelzucker zum
Verzieren

🕐 **20 Minuten Arbeitszeit**
15–20 Minuten Backzeit

1 Den Blätterteig auftauen lassen.
Die Hälfte des Zuckers auf die Arbeitsfläche streuen und den Blätterteig darauf zu einem knapp 1 Zentimeter dicken Rechteck auswellen.

2 Den Backofen auf 200 °C (Umluft 180 °C, Gas Stufe 3–4) vorheizen. Ein Blech mit kaltem Wasser
abspülen.

3 Den restlichen Zucker auf die
Teigplatte streuen und diese von
den beiden schmalen Seiten her jeweils bis zur Mitte aufrollen. Von
der Teigrolle etwa 1 Zentimeter
dicke Scheiben abschneiden. Die
Teigscheiben mit 2 bis 3 Zentimeter
Abstand auf das Blech legen.

4 Das Blätterteiggebäck auf der
mittleren Schiene des Backofens
in 15 bis 20 Minuten goldbraun
backen. Am besten frisch verzehren.

*Flotter geht es kaum:
Blätterteig formen, mit
Hagelzucker bestreuen,
backen – fertig sind die
Schweinsöhrchen!*

Kraftpakete
für unterwegs

Kleingebäck muss nicht immer zart und zerbrechlich sein, es gibt durchaus auch robuste und handfeste Versionen: Gebäck, das sich beispielsweise in einem Picknickkorb, im Marschgepäck beim Wandern oder in der Pausenbrotdose findet. Die hier vorgestellten Rezepte enthalten viele kernige und fruchtige Komponenten, haben also Biss, versorgen mit Energie – und schmecken herrlich!

Ohne Ei

Müslischnitten mit Amaranth

Für etwa 36 Stück

100 g beliebige Trockenfrüchte,
z. B. Aprikosen, Datteln, Feigen

100 g Rosinen

100 g beliebige Nüsse

50 g Sonnenblumen- oder
Kürbiskerne

150 g Mehl

etwa 150 g feine Haferflocken

1 gestrichener TL Backpulver

1 TL Zimtpulver

50 g gepuffter Amaranth
(siehe Tipp)

1 unbehandelte Zitrone

4 EL Sonnenblumenöl

2 mittelgroße süße Äpfel

1–2 EL gepuffter Amaranth zum
Bestreuen

Fett und 2–3 EL Haferflocken für
das Blech

**50 Minuten Arbeitszeit
25–30 Minuten Backzeit**

1 Die Trockenfrüchte grob hacken.
Mit den Rosinen in eine Schüssel
geben, mit 1/4 Liter kochendem
Wasser übergießen und etwa 30 Minuten quellen lassen.

2 Die Nüsse fein reiben. Die Son-
nenblumen- oder Kürbiskerne
in einer Pfanne unter Rühren leicht
rösten und abkühlen lassen.

3 Das Mehl mit den Haferflocken,
dem Backpulver und dem Zimt ver-

mengen und die Mischung dann zu
den eingeweichten Trockenfrüchten
geben. Nüsse, Sonnenblumen- oder
Kürbiskerne und den Amaranth dazugeben.

4 Die Zitrone heiß abwaschen,
trocknen, die Schale abreiben und
den Saft auspressen. Zitronenschale
und 1 Esslöffel Saft mit dem Öl unter den Teig rühren.

5 Die Äpfel waschen, trocknen und
mit der Schale auf einer mittelgro-
ben Raspel direkt in die Schüssel
zum Teig raspeln und ebenfalls unterrühren. Der Teig soll geschmeidig
und weich sein, wenn nötig noch
etwas mehr Haferflocken oder etwas
Zitronensaft dazugeben.

6 Den Backofen auf 180 °C (Umluft
160 °C, Gas Stufe 2–3) einstellen.
Ein Backblech gründlich fetten und
den Boden dicht mit den Haferflocken bestreuen.

7 Den Teig in Portionen auf dem
Blech verteilen. Mit einem nassen
Teigschaber etwa 1 Zentimeter dick
auf dem Blech verstreichen. Den
Amaranth darüber streuen. Die
Teigplatte im heißen Ofen auf der
mittleren Schiene 25 bis 30 Minu-
ten backen.

8 Die fertig gebackene Teigplatte
auf dem Blech etwa 5 Minuten auskühlen lassen. Dann in 6 x 4 Zentimeter große Stücke schneiden und
diese auf dem Kuchengitter vollständig auskühlen lassen.

*Kleine Kraftreserven
wie die Müslischnitten
sind beim Sport nie fehl
am Platz.*

2 Trockenfrüchte und Nüsse oder Mandeln auf einem großen Brett oder im Blitzhacker grob hacken. Die zerkleinerten Zutaten in den Teig einrühren. Der Teig soll gut streichfähig sein, ansonsten noch etwas Sahne einrühren.

3 Den Backofen auf 180 °C (Umluft 160 °C, Gas Stufe 2–3) einstellen und ein Blech mit Backpapier auslegen oder einfetten.

4 Die Masse mit einem Teigschaber gleichmäßig auf das Blech streichen. Die Teigplatte im heißen Ofen auf der mittleren Schiene 20 bis 25 Minuten backen.

5 Die fertig gebackene Teigplatte noch warm in Quadrate oder Rechtecke schneiden und die Früchteschnitten zum Auskühlen auf ein Kuchengitter setzen.

Liefert den vollen, konzentrierten Fruchtgeschmack: getrocknetes Obst.

Trockenfrüchte sollten möglichst ungeschwefelt sein: Denn das Schwefeldioxid, das zur Konservierung eingesetzt wird, zerstört im Körper Vitamin B1 und kann bei empfindlichen Menschen Kopfschmerzen, Durchfall und sogar Asthma auslösen.

Beliebter Klassiker

Früchteschnitten

Für 48 Stück

3 Eier
1 Päckchen Vanillezucker
5 Tropfen Zitronen-Backaroma
1 Prise Salz
50–60 g Sahne
150 g Mehl
1 gestrichener TL Backpulver
400 g gemischte Trockenfrüchte, z. B. Feigen, Pflaumen, Aprikosen, Rosinen, Äpfel
150 g Haselnüsse oder Mandeln
Backpapier oder Fett für das Blech

🕐 **40 Minuten Arbeitszeit**
20–25 Minuten Backzeit

1 In einer Rührschüssel Eier mit Vanillezucker, Zitronen-Backaroma, Salz und Sahne cremig rühren. Mehl mit dem Backpulver vermischen und einrühren.

Tipps der Bäckerin

Wenn Sie eine Küchenmaschine mit einem rotierenden Messer (Kompakt-Küchenmaschine) haben, können Sie Nüsse/Mandeln und feste Trockenfrüchte darin zusammen zerkleinern. Feigen sollten Sie jedoch immer separat hacken, sonst verklebt die Masse. Wer möchte, ersetzt einen kleinen Teil der Nüsse oder Mandeln durch Sesamsamen.

Rosinenplätzchen

Für etwa 50 Stück

125 g Rosinen
100 g weiche Butter
100 g Zucker
1/2 TL gemahlene Vanille
2 Eier
1 unbehandelte Zitrone
250 g Mehl
1 Messerspitze Backpulver
Backpapier oder Fett für das Blech

🕐 30 Minuten Arbeitszeit
10–15 Minuten Backzeit

1 Die Rosinen mit kochendem Wasser überbrühen, kurz ziehen lassen, abtropfen lassen und auf Küchenpapier trocknen.

2 Butter mit Zucker, Vanille und den Eiern cremig rühren. Die Zitrone heiß abwaschen, trocknen, die Schale abreiben und in die Schaummasse rühren.

3 Mehl mit Backpulver und den Rosinen vermischen und vorsichtig mit der Schaummasse vermengen.

4 Den Backofen auf 190 °C (Umluft 170 °C, Gas Stufe 3) einstellen und ein Blech mit Backpapier auslegen oder einfetten.

5 Mit einem nassen Teelöffel nussgroße Portionen vom Teig abnehmen und mit 2 bis 3 Zentimeter Abstand auf das Blech setzen.

6 Die Plätzchen im heißen Ofen auf der mittleren Schiene 10 bis 15 Minuten backen. Die Rosinenplätzchen auf einem Kuchengitter auskühlen lassen.

Tipps der Bäckerin

Diesen Rührteig können Sie auch sehr gut in kleinen Papierförmchen backen. Die Rosinenküchlein sind dann besonders gut zum Mitnehmen und Aus-der-Hand-essen geeignet. So machen sie sich auch sehr schön auf einem Kuchenbüfett.

Natürlich können Sie statt der Rosinen auch die kleineren schwarzen Korinthen nehmen; sie sind ein bisschen fester und schmecken etwas kräftiger. Oder sie verwenden die beliebten großen hellen und sehr süßen Sultaninen.

Wer Rumaroma schätzt, lässt die Rosinen in heißem Rumwasser (Wasser mit einem Drittel Rum) weichen. Zu den Rumrosinen passt dann statt Zitronenschale sehr gut abgeriebene Orangenschale.

Diese Plätzchen sind nicht nur mit getrockneten Weintrauben ein Genuss, man kann sie beispielsweise auch mit klein geschnittenen Aprikosen zubereiten.

Rosinen sind getrocknete Weinbeeren. Man unterscheidet u. a. die schwarzen kernlosen Korinthen und die goldgelben, ebenfalls kernlosen Sultaninen.

Die rotbraunen, zucker-reichen Datteln schmecken angenehm honigartig. Sie sollten dick, prall und weich sein.

Raffiniert

Dattel-Nuss-Ecken

Für etwa 20 Stück
(1 Kastenform von 35 cm Länge)

Für den Teig:

50 g Haselnüsse

300 g Mehl

160 g Butter

1 Ei

100 g Zuckerrübensirup

Für die Füllung:

50 g Mandeln

200 g Datteln

1 TL Zimtpulver

1 Messerspitze gemahlene Nelken

1 Messerspitze gemahlener Kardamom

50 g Zuckerrübensirup

Backpapier für die Form

200 g weiße oder braune Kuvertüre zum Verzieren

20 Minuten Arbeitszeit

🕐 40 Minuten Ruhezeit

15–20 Minuten Backzeit

1 Die Haselnüsse fein reiben oder im Blitzhacker fein zerkleinern und mit dem Mehl vermischen. Die Butter in Stückchen darauf setzen. Ei und Sirup dazugeben und alles mit den Knethaken des Handrührers zu einem festen Teig verarbeiten. Den Teig zu einer Kugel formen und zugedeckt für 40 Minuten kühl stellen.

2 Die Mandeln mittelgrob hacken. Die Datteln entsteinen und fein hacken. Beides mit Mandeln, Zimt, Nelken, Kardamom und dem Sirup vermischen.

3 Den Backofen auf 200 °C (Umluft 180 °C, Gas Stufe 3–4) einstellen. Die Form mit Backpapier auslegen.

4 Den Teig zu einem Rechteck in der Länge der Kastenform und gut doppelter Breite auswellen. Mit der Kastenform zwei Rechtecke in der Länge der Form markieren und ausschneiden.

5 Eine Teigplatte auf den Boden der Backform legen und die Mandel-Dattel-Masse darauf streichen. Die zweite Teigplatte darauf setzen und alles im heißen Backofen auf der mittleren Schiene 15 bis 20 Minuten backen.

6 Den Kuchen mit dem Backpapier aus der Form heben und auf einem Kuchengitter abkühlen lassen. Dann den Kuchen in 3 bis 5 Zentimeter breite Streifen schneiden, diese wiederum in Quadrate und danach in Dreiecke schneiden.

7 Die Kuvertüre schmelzen und jeweils eine Ecke der Dattel-Nuss-Ecken zur Hälfte darin eintauchen.

Dattelhäufchen

Für etwa 70 Stück

150 g Datteln, 150 g Mandeln

3 Eiweiß, 1 Prise Salz

150 g Zucker

1/2 TL gemahlene Vanille

1 Fläschchen Rum-Backaroma

2 EL Stärkemehl

Backpapier für das Blech

30 Minuten Arbeitszeit
50 Minuten Backzeit

1 Datteln entkernen und fein würfeln. Mandeln mittelgrob hacken.

2 Eiweiß mit Salz steif schlagen, den Zucker einrieseln lassen und weiterschlagen, bis eine feste Masse entstanden ist, in der ein Messerschnitt sichtbar bleibt.

3 Mandeln, Datteln, Vanille, Rum-Backaroma und Stärkemehl vorsichtig unter die Eiweißmasse heben. Den Backofen auf 120 °C (Umluft 100 °C, Gas Stufe 1) einstellen und ein Blech mit Backpapier auslegen.

4 Die Plätzchenmasse mit zwei Teelöffeln mit 2 bis 3 Zentimeter Abstand auf das Blech setzen. Auf der mittleren Schiene etwa 50 Minuten mehr trocknen als backen.

Wenn die Puste ausgeht und der kleine Hunger kommt, sind die Dattel-Nuss-Ecken genau richtig.

Zitronat ist das ganze Jahr über im Backregal des Supermarkts bereits gehackt erhältlich. Vorwiegend um die Weihnachtszeit kann man Zitronat jedoch – vor allem in Reformhäusern und Naturkostläden – auch am Stück bekommen.

Zitronat (auch Sukkade) sind die in Salzwasser eingelegten und anschließend in Zucker eingekochten Schalen einer kopfgroßen Zitronenart.

Beliebter Klassiker

Süße Hausfreunde

Für etwa 70 Stück

125 g weiche Butter
160 g Zucker
1 Päckchen Vanillezucker
3 Eier
1 EL Rum
300 g Mehl
2 TL Backpulver
Backpapier oder Fett für das Blech
150 g beliebige Nüsse
150 g bittere Schokolade
100 g gewürfeltes Zitronat
150 g Rosinen

🕐 30 Minuten Arbeitszeit
20–25 Minuten Backzeit

1 Die Butter mit Zucker, Vanillezucker, Eiern und Rum verrühren. Mehl mit Backpulver vermischen und einrühren.

2 Den Backofen auf 190 °C (Umluft 170 °C, Gas Stufe 3) einstellen und ein Blech mit Backpapier auslegen oder einfetten.

3 Nüsse und Schokolade fein reiben oder im Blitzhacker zusammen fein zerkleinern. Zitronat und Rosinen zusammen fein hacken. Nüsse, Schokolade, Zitronat und Rosinen unter den Teig heben.

4 Den Teig mit einem nassen Teigschaber etwa 1 Zentimeter dick auf das Blech streichen und auf der mittleren Schiene des heißen Backofens 20 bis 25 Minuten backen. Den Teig noch warm in Streifen oder Rauten schneiden.

Tipps der Bäckerin

Nach Belieben können Sie die Schnitten noch mit einer Seite in flüssige Kuvertüre tauchen, dann sind die süßen Hausfreunde jedoch nicht mehr so gut zum Mitnehmen geeignet.
Anstelle von Rosinen passen auch gut Aprikosen oder Backpflaumen. Und wer es bunt mag, ersetzt einfach die Hälfte der Rosinen durch kandierte Kirschen.

Gelingt leicht

Wespennester

Für etwa 80 Stück

250 g Mandeln
200 g Zucker
1 Päckchen Vanillezucker
3 Eiweiß
1 Prise Salz
100 g Schokoladenplättchen oder -streusel
1 Prise gemahlene Nelken
Backpapier für das Blech oder 80 Oblaten (4 cm Ø)

🕐 **40 Minuten Arbeitszeit**
15–20 Minuten Backzeit

1 Die Mandeln mit kochendem Wasser überbrühen und einige Minuten ziehen lassen. Dann die Mandelkerne aus den braunen Häutchen drücken und die Kerne trocknen.

2 Die Mandeln in Stifte schneiden oder grob hacken. Die Mandelstifte in einem Topf unter Rühren hellbraun rösten. 3 Esslöffel Zucker mit dem Vanillezucker dazugeben. Den Zucker bei mittlerer Hitze unter Rühren leicht karamellisieren lassen, dann den Topf beiseite stellen und abkühlen lassen.

3 Eiweiß mit Salz steif schlagen, den restlichen Zucker einrieseln lassen und weiterschlagen, bis eine feste Masse entsteht. Die Schokolade, gemahlene Nelken und den zerbröckelten Mandelkaramell vorsichtig unter den Eischaum heben.

4 Den Backofen auf 180 °C (Umluft 160 °C, Gas Stufe 2–3) einstellen und ein Blech mit Backpapier oder den Oblaten auslegen.

5 Die Plätzchenmasse mit zwei Teelöffeln mit 1 bis 2 Zentimeter Abstand auf das Blech setzen und die Wespennester im heißen Ofen auf der mittleren Schiene 15 bis 20 Minuten backen.

Tipp der Bäckerin

> Besonders schnell geht die Zubereitung der Wespennester, wenn Sie fertige Mandelstifte verwenden.

Beim Karamellisieren des Zuckers darauf achten, dass der Karamell nicht zu dunkel wird, sonst schmeckt er bitter. Den Topf dann am besten sofort in ein kaltes Wasserbad stellen, damit der Karamell nicht weiterkocht.

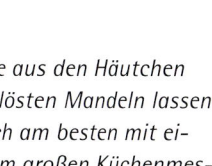

Die aus den Häutchen gelösten Mandeln lassen sich am besten mit einem großen Küchenmesser in Stifte hacken.

Schnell zubereitet

Hafer-Kokos-Plätzchen

Tipp der Bäckerin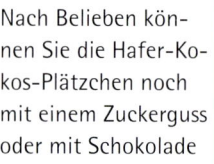

Nach Belieben können Sie die Hafer-Kokos-Plätzchen noch mit einem Zuckerguss oder mit Schokolade überziehen.

Für etwa 40 Stück

100 g weiche Butter
150 g brauner Zucker
1 Prise Salz
1 Ei
125 g Mehl
1/2 TL Backpulver
30 g Haferflocken
30 g Kokosflocken
30 g Sesamsamen
Backpapier oder Fett für das Blech
Schokostreusel zum Bestreuen

🕐 **30 Minuten Arbeitszeit**
8–10 Minuten Backzeit

1 Die Butter mit Zucker, Salz und dem Ei schaumig rühren. Das Mehl mit Backpulver, Haferflocken, Kokosflocken und Sesamsamen vermischen und unter die Butterschaummasse heben.

2 Den Backofen auf 220 °C (Umluft 200 °C, Gas Stufe 4–5) einstellen und ein Blech mit Backpapier auslegen oder einfetten.

3 Mit zwei Teelöffeln kleine Teighäufchen auf das Blech setzen und mit Schokostreuseln bestreuen.

4 Die Hafer-Kokos-Plätzchen im heißen Ofen 8 bis 10 Minuten auf der mittleren Schiene backen. Die Plätzchen auf einem Kuchengitter auskühlen lassen.

Ohne Ei

Hafer-Erdnuss-Plätzchen

Für etwa 60 Stück

125 g weiche Butter
80 g Zucker
1 TL gemahlene Vanille
80 g Mehl
1 gestrichener TL Backpulver
125 g kernige Haferflocken
100 g ungesalzene Erdnüsse
Backpapier für das Blech

🕐 **20 Minuten Arbeitszeit**
10–15 Minuten Backzeit

1 Die Butter mit Zucker und Vanille cremig rühren. Das Mehl mit dem Backpulver und den Haferflocken vermischen und unterrühren. Die Erdnüsse grob hacken und unter den Teig heben.

2 Den Backofen auf 180 °C (Umluft 160 °C, Gas Stufe 2–3) einstellen und ein Blech mit Backpapier auslegen.

3 Mit zwei Teelöffeln kleine Häufchen auf das Blech setzen und die Hafer-Erdnuss-Plätzchen auf der mittleren Schiene in 10 bis 15 Minuten goldbraun backen.

Tipp der Bäckerin

Anstelle der Erdnüsse können Sie auch Walnüsse verwenden, das schmeckt besonders fein.

Schnell zubereitet

Fruchtmakronen

Für etwa 40 Stück

150 g Trockenfrüchte, z. B. Feigen, Aprikosen, Datteln, Birnen

100 g gehäutete Mandeln

2 Eiweiß, 1 Prise Salz

80 g Puderzucker

1/2 TL Zimtpulver

1 TL abgeriebene Schale von 1 unbehandelten Zitrone

1–2 EL feine Haferflocken

Backpapier für das Blech

🕐 **30 Minuten Arbeitszeit**
20–25 Minuten Backzeit

1 Die Trockenfrüchte fein hacken. Die Mandeln fein reiben oder im Blitzhacker fein zerkleinern.

2 Eiweiß mit dem Salz steif schlagen, den Zucker einrieseln lassen und schlagen, bis ein Messerschnitt sichtbar bleibt. Mandeln, Zimt, Zitronenschale, Trockenfrüchte und Haferflocken vorsichtig unterheben.

3 Den Backofen auf 180 °C (Umluft 160 °C, Gas Stufe 2–3) einstellen, ein Blech mit Backpapier auslegen. Vom Teig mit zwei nassen Teelöffeln kleine Häufchen auf das Blech setzen. Die Makronen auf der mittleren Schiene 20 bis 25 Minuten backen.

Die Fruchtmakronen kann man auch mit Hilfe eines Spritzbeutels oder einer Gebäckspritze mit großer Tülle dekorativ auf das Backblech spritzen.

Schnell zubereitet

Sonnenblumenplätzchen

Für etwa 40 Stück
100 g Sonnenblumenkerne
60 g Sonnenblumenöl
60–80 g Honig oder Zucker
2 Eier
1 TL gemahlene Vanille
120 g feine Haferflocken
50 g Dinkelmehl
(ersatzweise Weizenmehl)
1 TL Backpulver
50 g Schokoplättchen oder -streusel
Backpapier oder Fett für das Blech
etwa 4 EL Sonnenblumenkerne

🕐 **25 Minuten Arbeitszeit**
10–12 Minuten Backzeit

1 Die Sonnenblumenkerne in einer Pfanne ohne Fett unter Rühren leicht anbräunen, auf einem Teller auskühlen lassen.

2 Öl mit Honig oder Zucker, Eiern und der Vanille cremig rühren. Die Haferflocken mit Mehl und Backpulver vermischen und dazugeben.

Wenn es einmal besonders edel sein soll, kann man die Hälfte der Sonnenblumenkerne durch Pinienkerne mit ihrem feinen, leicht harzigen Geschmack ersetzen.

3 Die Hälfte der abgekühlten Sonnenblumenkerne im Blitzhacker fein zerkleinern und zusammen mit den ganzen Sonnenblumenkernen und den Schokoplättchen oder -streuseln mit den restlichen Zutaten vermischen.

4 Den Backofen auf 180 °C (Umluft 160 °C, Gas Stufe 2–3) einstellen und ein Blech mit Backpapier auslegen oder einfetten.

5 Mit zwei Teelöffeln walnussgroße Häufchen mit etwa 4 Zentimeter Abstand auf das Blech setzen. Jeweils einige Sonnenblumenkerne darauf geben.

6 Die Plätzchen auf der mittleren Schiene 10 bis 12 Minuten backen, bis sich die Ränder leicht bräunen. Erst 5 Minuten auf dem Blech ruhen lassen, dann auf ein Kuchengitter setzen und auskühlen lassen.

So macht die Brotzeit Spaß: Zu Kaffee aus der Thermoskanne gibt es kernige Plätzchen mit gerösteten Sonnenblumenkernen.

Tipp der Bäckerin

Anstelle der Mandelstifte passen auch andere grob gehackte Nusssorten in die Knusperhäufchen. Und einen Teil der Kerne können Sie gut durch Sesamsamen ersetzen.

Gelingt leicht

Knusperhäufchen

Für etwa 40 Stück

50 g Sonnenblumenkerne
50 g Mandelstifte
50 g Kürbiskerne
150 g Haferflocken
1 unbehandelte Zitrone
50 g weiche Butter
50 g gewürfeltes Zitronat
Backpapier oder Fett für das Blech
2 Eier
50 g Zucker

40 Minuten Arbeitszeit
8–10 Minuten Backzeit

1 Die Sonnenblumenkerne in einer Pfanne unter ständigem Rühren leicht rösten.

2 Sobald die Sonnenblumenkerne zu duften beginnen, Mandeln, Kürbiskerne und Haferflocken zu den Sonnenblumenkernen geben und kurz mitrösten. Die

Pfanne beiseite stellen und die Zutaten etwas abkühlen lassen.

3 Die Zitrone heiß abwaschen, trocknen und die Schale dünn abreiben. Zitronenschale, Butter und das Zitronat zu der gerösteten Kern-Flocken-Mischung in die Pfanne geben und unterrühren.

4 Den Backofen auf 160 °C (Umluft 140 °C, Gas Stufe 1–2) einstellen und ein Blech mit Backpapier auslegen oder einfetten.

5 In einer Schüssel Eier mit Zucker verrühren, bis die Masse cremig ist. Die Knuspermasse in die Eiercreme einrühren.

6 Vom Teig mit zwei Teelöffeln kleine Häufchen mit 1 bis 2 Zentimeter Abstand auf das Blech setzen und auf der mittleren Schiene des Backofens 8 bis 10 Minuten backen.

Die dunkelgrünen Kürbiskerne sind eine gesunde Knabberei für zwischendurch.

Rezeptregister

Amaretti 50
Amerikanische Walnusstaler 60

Basler Brauns 52
Buttergebäck, feines 15

Cantuccini 48
Cappuccinoplätzchen 70

Dänische Julküchlein 57
Dattel-Nuss-Ecken 84
Dattelhäufchen 85
Dinkel-Gewürz-Plätzchen 39

Elisenlebkuchen 36
Erdnuss-Ingwer-Plätzchen 66
Erdnussmakronen, sizilianische 49

Feines Buttergebäck 15
Florentiner 64
Französische Pomeranzennüsse 53
Früchteschnitten 82
Fruchtmakronen 89

Hafer-Erdnuss-Plätzchen 88
Hafer-Kokos-Plätzchen 88
Haferplätzchen, schottische 54
Haselnusshütchen 30
Haselnussmakronen 42
Haselnussmonde 76
Hausfreunde, süße 86
Heidesand 12
Honiglebkuchen 36

Ingwerplätzchen 64

Javaplätzchen 58
Julküchlein,
   dänische 57

Karibische
   Vanilleplätzchen 59
Kekse, zarte 73

Knusperhäufchen 92
Knusprige Mandelschnitten 70
Kokosmakronen 40
Kokosplätzchen 66

Linzer Plätzchen 45
Löffelbiskuits 16

Malteser Schokoplätzchen 50
Mandel-Hafer-Kekse 72
Mandel-Schoko-Plätzchen 22
Mandelkugeln 67
Mandellinchen 43
Mandelplätzchen 26
Mandelschnitten, knusprige 70
Mandelstangen 17
Müslischnitten mit Amaranth 80

Nuss-Cookies 61
Nuss-Schoko-Plätzchen 68
Nussecken 18

Orangen-Schoko-Plätzchen 16
Orangenblättchen 12
Orangenmakronen 40

Plätzchen, Linzer 45
Pomeranzennüsse, französische 53
Printen 35

Rosinenplätzchen 83
Russische
   Weihnachtsschnitten 56

Schachbrettplätzchen 14
Schokoherzen mit Ingwer 20
Schokomakronen 18
Schokoplätzchen, malteser 50
Schottische Haferplätzchen 54
Schweinsöhrchen 77
Sizilianische
   Erdnussmakronen 49
Sonnenblumenplätzchen 90
Spekulatius 38
Spritzgebäck 44
Süße Hausfreunde 86

Terrassenplätzchen 33

Vanillehäufchen 14
Vanillekipferl 32
Vanilleplätzchen, karibische 59

Walnuss-Aprikosen-Kekse 20
Walnuss-Schoko-Taler 24
Walnussstangen 74
Walnusstaler, amerikanische 60
Weihnachtsschnitten,
   russische 56
Wespennester 87
Whiskyplätzchen 54

Zarte Kekse 73
Zimtbrezeln 23
Zimtplätzchen 26
Zimtsterne 34
Zitronenstangen 22

Die Autorin

Johanna Handschmann war lange Jahre Hauswirtschaftslehrerin und Fachschulrätin. Heute lebt und arbeitet sie als freie Autorin in der Nähe vom Bodensee. Sie hat bereits viele Kochbücher veröffentlicht und ist vor allem als Fachautorin zu den Themen »Gesunde Küche« und »Trennkost« in Erscheinung getreten.

Der Fotograf

Aufgewachsen auf dem flachen Land in Schleswig-Holstein, lebt der Fotograf Michael Holz seit 15 Jahren in Hamburg. In seinem Studio auf St. Pauli arbeitet er heute für viele Verlage und Werbeagenturen. Hier realisiert er am liebsten Projekte, bei denen er seine Erfahrungen aus der intensiven Arbeit in den unterschiedlichsten Gebieten der Fotografie kombinieren kann – von Landschaftsfotografie über Beauty und People bis zu Arbeiten für die Musikbranche. Aktuelle Arbeiten sind im Internet unter www.zauberhaus.com zu sehen.

Bildnachweis

Alle Bilder stammen von Michael Holz, Hamburg, mit Ausnahme von: Freisteller: Südwest Verlag, München

Hinweis

Das vorliegende Buch ist sorgfältig erarbeitet worden. Dennoch erfolgen alle Angaben ohne Gewähr. Weder Autorin noch Verlag können für eventuelle Nachteile oder Schäden, die aus den im Buch gemachten praktischen Hinweisen resultieren, eine Haftung übernehmen.

Impressum

© 2000 Südwest Verlag, München, in der Econ Ullstein List Verlag GmbH & Co. KG, München

Alle Rechte vorbehalten. Nachdruck – auch auszugsweise – nur mit Genehmigung des Verlags.

Lektorat: Claudia Schmidt
Projektleitung: Alexandra Endres
Bildredaktion: Ute Schoenenburg
Foodfotografie: Michael Holz
Produktion: Manfred Metzger (Leitung), Annette Aatz
Layout: Manuela Hutschenreiter
Umschlag: Till Eiden
DTP: Maren Scherer, München

Printed in Italy

Gedruckt auf chlor- und säurearmem Papier

ISBN 3-517-06298-7